SANGHARAKSHITA

LOS DIEZ PILARES DEL BUDISMO

La base de la filosofía
y la ética orientales

ONIRO

Colección dirigida por Carlo Frabetti

Título original: *The Ten Pillars of Buddhism*
Publicado en inglés por Windhorse Publications

Traducción: Núria Martí

Diseño de cubierta: Víctor Viano

Distribución exclusiva:
Ediciones Paidós Ibérica, S.A.
Mariano Cubí, 92 – 08021 Barcelona – España
Editorial Paidós, S.A.I.C.F.
Defensa 599 – 1065 Buenos Aires – Argentina
Editorial Paidós Mexicana, S.A.
Rubén Darío 118, col. Moderna – 03510 México D.F.- México

1ª edición, 1997

© 1984 Sangharakshita

© exclusivo de todas las ediciones en lengua española:
Ediciones Oniro, S.A.
Muntaner 261, 3.º 2.ª - 08021 Barcelona – España

ISBN: 84-89920-12-5
Depósito legal: B-49.658-1997

Impreso en Romanyà Valls
Plaza Verdaguer nº 1 – 08786 Capellades (Barcelona)

Impreso en España - *Printed in Spain*

EL VIAJE INTERIOR

ÍNDICE

PRÓLOGO

Tal como se especifica al inicio de esta obra, el escrito aquí reproducido fue hecho público por vez primera en una reunión de miembros de la Orden Budista Occidental (Western Buddhist Order), en Londres, en abril de 1984.

Fue con motivo de la celebración del decimosexto aniversario de la Orden, y la temática del escrito, los Diez Preceptos, resultó de fundamental importancia para todos los allí presentes.

Los preceptos en cuestión son los Diez Principios éticos que los miembros de la orden «reciben» en el momento de su ordenación, y con los que contraen el compromiso de cumplir posteriormente, ya que constituirán una poderosa orientación espiritual en su vida cotidiana.

Aunque se trataba de un tema básico por excelencia y aparentemente sólo de cariz práctico, aquí, como de costumbre, Sangharakshita ha demostrado que ningún tema es tan «básico» como para dejar de valorarlo. Las diversas formulaciones y expresiones de las enseñanzas de Buda son una comunicación de la mente iluminada y, por consiguiente, se puede reflexionar sobre ellas una y otra vez; su frescor y relevancia nunca llegan a agotarse.

Durante la conferencia, era obvio que Sangharakshita se dirigía a un público mucho más amplio que el allí presente. La relevancia de la materia incluía también a los miembros de la orden, presentes y futuros, que en aquella ocasión no habían podido asisitir. Aunque su alcance era mucho mayor, abarcaba a la totalidad del extenso «mundo budista», e incluso a aquellas personas, budistas o no, que desean orientación y nuevas percepciones en su búsqueda de modelos éticos en los que basar su vida.

Con la esperanza, pues, de que llegue a más miembros de este vasto auditorio, nos complace publicar este escrito en forma de libro.

Quizás el punto central de la primera parte, aquel en que Sangharakshita se dirige de manera manifiesta a un público budista, es que no se debe considerar la lista de los Diez Preceptos únicamente como una simple lista más, aunque sea breve en comparación con otras. Cualitativamente es diferente, ya que concierne a los actos del cuerpo, del habla y de la mente y, por consiguiente, nos ofrece una fórmula vinculada a la totalidad del ser. Otras listas tradicionales, la mayoría más extensas, preferentemente desarrollan y dan mayor importancia a determinados tipos de detalles relacionados con su tema, pero ninguna de ellas tiene tan gran alcance. Por ello puede afirmarse que los Diez Preceptos reúnen un conjunto de principios éticos aplicables a la vida espiritual: un *mūla-prātimokṣa*.

Al exponer este conjunto de preceptos, Sangharakshita ofrece en consideración a toda la sangha budista una fórmula para llevar a cabo una vida ética que se abra paso a través de las capas del tan a menudo desvitalizado formalismo y detalles legalistas que no sólo han socavado la vida a partir de otras formulaciones, sino que incluso muchas veces se han utilizado como agentes de desunión entre la comunidad espiritual budista.

Este ofrecimiento va unido a la petición de que los preceptos —en cualquiera de sus formulaciones— deben ser considerados como una mera expresión de lo que en realidad es el factor común más sublime del budismo: el Tomar Refugio. Los más altos valores y, por consiguiente, los preceptos éticos, sólo pueden desarrollarse contrayendo un compromiso fundamental con los más altos niveles del ser.

Con su aportación, Sangharakshita está ofreciendo a todas las escuelas y sectas de la sangha budista la llave para la unidad, para la experiencia del «Mahasangha». Aquellos que suponen que tan sólo es posible hacer girar la llave a costa de menoscabar el compromiso espiritual y la integridad, quizá se sientan alentados al descubrir que sucede precisamente lo contrario.

Los budistas occidentales y orientales, e incluso los que no son budistas, encontrarán en la segunda parte una gran riqueza de valores prácticos para la vida cotidiana. En dicha sección Sangharakshita explora cada uno de los Diez Preceptos, a la vez que nos invita a enfocar la lente de la visión moral hacia cada uno de los aspectos de nuestras vidas. Al explicarnos tanto las formulaciones «positivas» como las a menudo denominadas «negativas», nos ayuda a descubrir los preceptos tal como son, no como aburridas reglas sino como desafiantes reflejos de un genuino compromiso vinculado a la vida interior y a los valores espirituales.

Cuando le sigamos en su recorrido nos sorprenderá vernos rodeados no de muros, cercas y angostos caminos, sino de diez fabulosos pilares, cada uno de ellos brillante y centelleante de gemas y piedras preciosas, que sostienen juntos la celestial majestuosidad de la vida espiritual.

NAGABODHI
SUKHAVATI
20 de junio de 1984

LOS DIEZ PRECEPTOS

Me comprometo a seguir la senda que consiste en abstenerme de matar a seres vivos.

Me comprometo a seguir la senda que consiste en abstenerme de tomar aquello que no me pertenece.

Me comprometo a seguir la senda que consiste en abstenerme de una conducta sexual incorrecta.

Me comprometo a seguir la senda que consiste en abstenerme de mentir.

Me comprometo a seguir la senda que consiste en abstenerme de hablar con rudeza.

Me comprometo a seguir la senda que consiste en abstenerme de hablar de banalidades.

Me comprometo a seguir la senda que consiste en abstenerme de difamar.

Me comprometo a seguir la senda que consiste en abstenerme de la codicia.

Me comprometo a seguir la senda que consiste en abstenerme de odiar.

Me comprometo a seguir la senda que consiste en abstenerme de tener ideas erróneas.

LOS DIEZ PRECEPTOS POSITIVOS

Realizando acciones bondadosas
purifico mi cuerpo.

Practicando la generosidad
purifico mi cuerpo.

Por medio de la calma, la simplicidad y el contento
purifico mi cuerpo.

Al pronunciar palabras veraces
purifico mi habla.

Al pronunciar palabras afables y gentiles
purifico mi habla.

Al pronunciar palabras útiles y armoniosas
purifico mi habla.

Al abandonar la codicia por la serenidad
purifico mi mente.

Al cambiar el odio por la compasión
purifico mi mente.

Al transformar la ignorancia en sabiduría
purifico mi mente.

INTRODUCCIÓN

La Orden Budista Occidental (conocida en la India como Trailokya Bauddha Mahasangha) fue fundada en Londres en 1968. Hoy nos reunimos para celebrar su decimosexto aniversario —o lo que es lo mismo, sus dieciséis años. Quizá, sin ánimos de exagerar, podría atribuirse un significado especial al hecho de que la Orden haya alcanzado este particular número de años. Dieciséis significa dos veces ocho, o cuatro veces cuatro, y tradicionalmente tanto el cuatro como el ocho se consideran números que indican «solidez» y estabilidad. También es la suma de diez y de seis, y ambos números poseen sus propias asociaciones simbólicas. En la tradición de la India prebudista los grupos constituidos por dieciséis elementos, o las cosas divididas en dieciséis partes, son sumamente usuales. Una de las más comunes es la de los dieciséis «dígitos» lunares. También en la literatura budista se mencionan dieciséis partes. En el *Itivuttaka* Buda declara:

Ni todos los monjes juntos, a pesar de su compromiso de realizar buenas acciones con miras a obtener un renacimiento más

13

elevado, pueden compararse a la dieciseisava parte de la compasión (i.e. *mettā*), que es la liberación del corazón; tan sólo la compasión, que es la liberación del corazón, los aventaja incomparablemente en brillo, intensidad y destello. Igual que el resplandor de todas las estrellas no se puede comparar ni a la dieciseisava parte del brillo, intensidad y destello de la Luna, de igual modo, la compasión aventaja en brillo al compromiso de los monjes de realizar buenas acciones con miras a obtener un renacimiento más elevado.[1]

Tal vez el grupo de dieciséis elementos más conocido en el budismo sea el de los dieciséis arhants —personajes misteriosos que existían a través de los tiempos y que periódicamente revigorizaban el Sāsana.

Sin embargo, para muchas personas del AOBO, sean miembros de la Orden, mitras,* o amigos, la asociación más familiar que despierta la figura dieciséis, la que con más rapidez acude a la mente, es la de los «arquetípicos» bodhisattvas. Mañjuśri, Avalokiteśvara y los restantes, descritos todos ellos en la literatura budista y representados en las artes visuales budistas, con el aspecto incomparablemente bello de príncipes indios de *dieciséis años*, ataviados con ricas sedas y adornados con joyas. Representan esta edad

---

* Aquellas personas que deseando crear un vínculo más definitivo con el budismo, el Dharma y la Orden, se convierten en «mitra» (que en sánscrito significa «amigo») al ofrecer ante la imagen de Buda una flor, una vela y una varita de incienso, dentro del contexto de una ceremonia devocional del AOBO. *(N. de la T.)*

porque en la India se considera que un joven a los dieciséis años ha alcanzado el completo desarrollo de sus facultades, tanto físicas como mentales, se halla en la flor de su fuerza y belleza masculinas, y preparado para los deberes y responsabilidades de la vida adulta. En términos occidentales, a los dieciséis años se alcanza la madurez, es el paso de la inmadurez a la madurez. Por lo tanto, en la tradición hindú, cumplir dieciséis años tiene el mismo significado que cumplir veintiuno en Occidente. Sin lugar a dudas, esta diferencia de cinco años se puede atribuir al hecho de que en Europa y en América del Norte los individuos tardan más en madurar que los habitantes de climas más cálidos.

Al celebrar el decimosexto aniversario de la Orden es como si nosotros, como miembros de ésta, celebrásemos el haber alcanzado la mayoría de edad «colectiva» como comunidad espiritual. Hemos llegado a la madurez. Hemos crecido. Hemos pasado —al menos como colectividad— de la inmadurez a la madurez. Ahora tenemos nuestra propia llave de la casa, somos libres de entrar y salir a nuestro antojo. Sin embargo, al celebrar nuestra mayoría de edad, no debemos olvidar que aunque la mayoría seamos budistas, también somos occidentales, y ello significa que tardaremos varios años todavía en alcanzar, como orden, el tipo de madurez espiritual simbolizada en la madurez mental y física de los jóvenes hindúes de dieciséis años. Quizá sea necesario esperar a que cumpla su veintiún aniversario para que la Orden pueda ofrecer, realmente, un reflejo reconocible, a nivel mundano, del joven Avalokiteśvara de *dieciséis años*, con sus mil brazos y sus mil ojos.

No obstante, hoy cumplimos dieciséis años, y, por consiguiente, es el día en el cual celebramos nuestra mayoría de edad «oficial», aunque nos hallemos algo retrasados en nuestro desarrollo. Fue, en parte, por esta razón que decidí no sólo que debíamos reunirnos en esta ocasión todos cuantos pudiéramos, sino que tenía el deber, al formar parte de este acontecimiento, de ofrecer una conferencia o leer un escrito. No sucede a menudo que podamos reunirnos en semejantes circunstancias. La mayoría de los miembros de la Orden estamos muy ocupados, aparte de los problemas inherentes a los viajes y alojamientos, pero al menos sirve de consuelo comprobar que tantos miembros de la Orden han podido reunirse hoy aquí, en especial tras no haber sido posible celebrar este año la convención bienal tal como habíamos planeado. Como mínimo hemos cumplido hasta cierto punto la primera de las siete veces siete, menos una, condiciones para que la Orden obtenga la estabilidad que Buda expuso poco antes de alcanzar el *parinirvāṇa*: que los hermanos debían reunirse de forma reiterada y en gran número. Por otra parte, al reunirnos hoy aquí, no olvidamos a aquellos miembros de la Orden que no han podido acompañarnos y que, sin lugar a dudas, están también celebrando nuestro decimosexto aniversario. Sabemos que estamos unidos a ellos, al igual que ellos lo están a nosotros, a través de nuestro común compromiso con las Tres

Joyas, y a través del espíritu o *mettā* que, presente en todo lugar y trascendiendo tiempo y espacio, une las mentes y los corazones de sus compañeros espirituales dispersos por el mundo entero.

Hoy, tan pronto como he decidido ofrecer una conferencia o leer un escrito, he dejado claro que estaba abierto a recibir posibles sugerencias relacionadas con el tema de mi conferencia o escrito. Y, en efecto, he recibido varias sugerencias. Entre éstas figuran desde la de que debería hablar de si existe un término filosófico o frase que resuma la naturaleza del budismo, como en el caso de «monoteísmo», que sintetiza la naturaleza del cristianismo y del islamismo, hasta la sugerencia de que debería hacerlo sobre la *prajñā* en el sentido de «una mayor aspiración», ya que, según el miembro de la Orden que lo ha sugerido, se halla en el *Sūtra del Corazón*. A pesar de que no hablaré de ninguno de los temas propuestos, deseo poder decir algo sobre todos ellos, en uno u otro contexto, más pronto o más tarde. Ya que no se me presenta a menudo la oportunidad de dirigirme personalmente a tantos de vosotros al mismo tiempo, deseaba hablar, en nuestro decimosexto aniversario, de un tema de fundamental importancia para toda la Orden. Después de reflexionar sobre ello, he decidido hablar sobre los Diez Preceptos, o sea, los diez *akuśala-dharmas* que prometemos no cometer y los diez *kuśala-dharmas* que prometemos cumplir en el acto de nuestra «ordenación» en la Orden Budista Occidental o Trailokya Bauddha Mahasangha.

He elegido este tema principalmente por tres razones. La primera, porque a pesar de su importancia, si la memoria no me falla, nunca he ofrecido una conferencia sobre dicho tema. La segunda, porque a medida que transcurren los años veo cada vez con más claridad cuán profundo es el significado y el alcance de las implicaciones —tanto teóricas como prácticas— de cada uno de los en apariencia simples preceptos. La tercera razón es porque deseo hacer hincapié de nuevo sobre nuestro principio de «cada vez más menos y menos», o sea, nuestro principio de intentar profundizar cada vez más en las denominadas enseñanzas básicas budistas, en lugar de intentar apresurarnos para recibir enseñanzas supuestamente más avanzadas. Este énfasis es quizá más necesario ahora que celebramos nuestro decimosexto aniversario. Como ya he mencionado, al cumplir dieciséis años hemos alcanzado la mayoría de edad. Hemos crecido. Pero como también he dicho, en realidad quizá la Orden no sea tan madura como se podría suponer. Uno de los signos de inmadurez —ya sea individual o colectiva— es que creemos estar libres de las directrices, es decir, que podemos olvidar las lecciones aprendidas durante la infancia. Traducido en términos más específicamente budistas, significa que creemos poder abandonar las enseñanzas «elementales» budistas y, por supuesto, el término «elemental» a menudo significa las enseñanzas éticas que se hallan plasmadas, por ejemplo, en los Cinco, en los Ocho o en los Diez Preceptos. Es más bien a fin de prevenir que esto ocurra y no porque observe ningún signo de que actualmente esté sucediendo, que en esta ocasión deseo hablar sobre los Diez Preceptos.

Espero que nadie se sienta defraudado, que nadie haya supuesto oírme hablar sobre algún tema avanzado o muy esotérico. De ser así, y en especial si alguno de vosotros todavía cree que la ética es un tópico aburrido y sin interés, al menos le alegrará saber que el escrito no se titula simplemente «Los Diez Preceptos», que admito que no suena demasiado original o inspirador, sino «Los Diez Pilares del budismo». A decir verdad, los Diez Preceptos son los enormes soportes que sostienen el majestuoso edificio del dharma. Sin los Diez Preceptos, en realidad, el dharma no puede existir. Siguiendo con la metáfora arquitectónica, podríamos decir que las Tres Joyas son como un zócalo de tres gradas y los cimientos del dharma, que los Diez Preceptos son la doble hilera de pilares que sostienen la espaciosa cúpula, que la meditación es la propia cúpula y que la sabiduría es el majestuoso chapitel que corona la cúpula. Entrando en detalles, se podría decir que cada uno de los diez pilares está fabricado con piedras preciosas o con metales preciosos, o sea, que hay un pilar de diamante, un pilar de oro, un pilar de cristal, etcétera. De este modo seremos capaces de adquirir no sólo una nueva comprensión de la importancia de los Diez Preceptos sino quizá también una noción de su esplendor y belleza. En un conocido pasaje, Milton, al exclamar «Cuán bella es la filosofía divina», afirma:

*No es árida e indescifrable como los lerdos necios suponen
sino musical como el laúd de Apolo.*

De manera similar se puede afirmar que, al igual que el
budismo, el tema de la ética budista —en particular la representada en los Diez Preceptos— no es aburrido y sin
interés como podría parecerle a un observador superficial, sino por el contrario lleno de luz, vida, calidez y color. Parafraseando las paradójicas palabras de otro poeta,
me atrevería a decir que antes de que os apercibáis de ello
os sentiréis fascinados por la ética budista, incluidos los
Diez Preceptos.

Aunque nunca he dedicado una conferencia íntegra a
los Diez Preceptos, he hablado y escrito ciertamente sobre ética budista, en particular la que comprende el camino de las Ocho Nobles Verdades y el camino de las
Diez Paramitas o perfecciones.[2] También he hablado sobre ello en un artículo titulado «Aspectos de la moralidad
budista» que trataba sobre: (1) Naturaleza de la moralidad, (2) Moralidad e ideal espiritual, (3) Moralidad mundana y trascendental, (4) Modelos de la moralidad, (5)
Beneficios de la moralidad y (6) Factores determinantes
de la moralidad.[3] En este escrito intentaré no comentar
lo que ya he mencionado con anterioridad, o exponer temas que otros escritores, sean antiguos o modernos, hayan tratado con acierto. En especial intentaré no perderme en detalles de análisis escolástico, como es habitual
tradicionalmente en algunas formas de budismo.

Incluso trazándome estos límites todavía me queda un gran campo por cubrir, y si he de hablar sobre este tema, aunque sea someramente, será preciso que organice coherentemente el escrito. Para explicar los «Diez Pilares del budismo», lo he dividido en dos partes. En la primera, explicaré los Diez Preceptos en conjunto. En la segunda, los analizaré por separado, es decir, individualmente. He creído conveniente exponer en la explicación de los Diez Preceptos en conjunto ocho temas distintos, los cuales, por supuesto, están relacionados entre sí e incluso tienen ciertos puntos en común. Los ocho temas son: (1) Relación entre refugios y preceptos, (2) Fuentes canónicas de los Diez Preceptos, (3) Los Diez Preceptos y la transformación total, (4) Los Diez Preceptos como principios de ética, (5) Los Diez Preceptos como reglas de aprendizaje, (6) Los Diez Preceptos como *Mūla-prātimokṣa*, (7) Los Diez Preceptos y otras fórmulas éticas, (8) Los Diez Preceptos y el estilo de vida. He dividido la primera parte de este modo con el deseo de que pueda ofrecernos una visión más completa sobre los Diez Pilares del budismo en su colectiva majestuosidad.

I

LOS DIEZ PRECEPTOS EN CONJUNTO

1

RELACIÓN ENTRE REFUGIOS
Y PRECEPTOS

Los Tres Refugios (o las Tres Joyas) son, por supuesto, el Buda o el Iluminado, el Dharma o enseñanza del camino hacia la liberación, y la Sangha o comunidad espiritual de los que siguen el camino hacia la liberación, en especial de los que han alcanzado los estadios más elevados y trascendentales del progreso espiritual, en los cuales ya no es posible retroceder. Decidimos Tomar Refugio en el Buda, en el Dharma y en la Sangha o, traducido en un lenguaje más contemporáneo, nos comprometemos con ellos, cuando llegamos a la conclusión de que alcanzar la liberación es lo más importante de la vida humana, así como el actuar, o hacer lo posible por actuar, de acuerdo con esta decisión. Ello significa que hay que organizar toda nuestra vida, en todos sus diferentes aspectos, de forma que contribuya a alcanzar la Iluminación. Representa situar el Ideal de Iluminación, o sea situar a Buda (con Buda uno mismo se convierte en Buda) en el centro de nuestro mandala personal, disponiendo nuestros diferentes intereses y actividades de tal manera que se sitúen lo más cerca posible, o lo más alejados, del centro de este mandala, según el grado en que ayuden u obstaculicen para alcanzar la Iluminación. Por supuesto, intereses y actividades opuestos al Ideal de Iluminación deben ser alejados del mandala. Tomar Refugio es el acto budista fundamental. Lo que nos convierte en budistas, en seguidores del dharma, o en dharmacari(ni). Lo que nos convierte en miembros de la sangha. Tomar Refugio, es lo que, entre otras cosas, tenemos en común con los demás budistas. En otras palabras, Tomar Refugio es el factor común más elevado del budismo.

Desgraciadamente, en muchas partes del ámbito budista Tomar Refugio se ha considerado como el común denominador más inferior en lugar del más elevado factor común, subvaloración que fue una de las principales razones para crear la Orden Budista Occidental. El denominador común más bajo del budismo, si lo hubiera, serían los Cinco, Ocho o Diez Preceptos que, en ocasiones ceremoniales, «recibimos» de nuestro preceptor inmediatamente después de Tomar Refugio. Por desgracia, el hecho de cumplir con estos Cinco, Ocho o Diez Preceptos se ha considerado como el factor común más elevado del budismo, en lugar de Tomar Refugio en las Tres Joyas, cuando en realidad es el común denominador más inferior. Esto ha facilitado las divisiones entre la comunidad budista, ya que algunos de sus miembros se comprometen a cumplir una menor cantidad de preceptos que otros (en el caso de los laicos son generalmente cinco y en el de los monjes un total de 227 o 250), en lugar de sentirse unidos por el hecho de que todos han tomado refugio en el mismo Buda, Dharma y Sangha.[4]

Sin comprender la suprema importancia del hecho de Tomar Refugio como acto central de la vida budista, es imposible entender la verdadera naturaleza de la relación entre refugios y preceptos. Este principio no tiene en cuenta la cantidad de preceptos que uno promete cumplir. La relación entre refugios y preceptos no es meramente externa. No significa que después de Tomar Refugio en Buda, en el Dharma y en la Sangha nos comprometamos, además, a cumplir con Cinco, Ocho o Diez, o determinada cantidad de preceptos. Si, en ocasiones ceremoniales, se recita primero la fórmula del refugio e inmediatamente después la promesa de cumplir con los preceptos, no es sólo por razones puramente históricas, y que, de darse el caso, podríamos haber recitado en orden inverso. La relación entre Tomar Refugio y cumplir con los preceptos es una relación orgánica, puesto que cumplir con los preceptos es una expresión de Tomar Refugio, al igual que la flor es una expresión de la semilla o la obra una expresión del escritor o del artista. En cierto modo, Tomar Refugio y cumplir con los preceptos son parte de un único proceso de vida espiritual y de crecimiento.

Cuando situamos a Buda, es decir, el ideal espiritual, en el centro de nuestro mandala personal, se produce de manera natural una radical reorganización de los contenidos del mandala. De no ocurrir así, significa que hemos situado a Buda en el centro de nuestro mandala de un modo puramente nominal, o quizá que aquello que hemos situado no tiene nada que ver con Buda. Situar a Buda en el centro de nuestro mandala personal corresponde a Tomar Refugio. La radical reorganización de los contenidos del mandala corresponde a cumplir con los preceptos como su consecuencia natural, es decir, como una prolongación del acto de Tomar Refugio en sí mismo en cada uno de los aspectos de nuestra existencia.

Tomar Refugio o adquirir un compromiso con las Tres Joyas equivale a nuestra sangre como budistas. Cumplir con los preceptos representa la circulación de esta sangre por cada fibra de nuestro ser. Dada su naturaleza, la sangre debe circular. De no hacerlo, el organismo al que pertenece muere, y la sangre, estancándose, pronto dejará de ser sangre. De forma similar, por su naturaleza, Tomar Refugio debe encontrar su expresión en el cumplimiento de los preceptos. De no existir esta expresión, significará que como budista se está prácticamente muerto y que el hecho de Tomar Refugio, convirtiendose cada vez más en un acto puramente mecánico, pronto cesará de ser realmente lo que era.

Este refugio debe encontrar su expresión en la transformación total del individuo, tanto en su interior como en su relación con los demás, y puesto que los Diez Preceptos son los que representan con más exactitud su transformación total, en la Orden Budista Occidental no tan sólo tomamos refugio en Buda, en el Dharma y en la

Sangha, sino que además nos comprometemos a cumplir con los *Diez* Preceptos en lugar de los Cinco u Ocho o cualquier cantidad específica de ellos. Antes de tratar el tema de los Diez Preceptos y la transformación, me gustaría exponeros brevemente lo que he titulado como Fuentes canónicas de los Diez Preceptos. Todos sabemos que amigos budistas no pertenecientes al AOBO dudaban de si Buda había enseñado los Diez Preceptos que los miembros de la Orden Budista Occidental observamos y se preguntaban si se hallan en las escrituras budistas. A nosotros corresponde saber qué terreno pisamos.

2

FUENTES CANÓNICAS
DE LOS DIEZ PRECEPTOS

Es de conocimiento general que Buda no dejó nada escrito y que durante varias generaciones sus enseñanzas se conservaron por medios puramente orales. Fue tan sólo al reproducir por escrito las tradiciones transmitidas oralmente que surgió lo que ahora conocemos como escrituras budistas y literatura canónica del budismo. Siguiendo la clasificación adoptada durante el período de las transmisiones orales, esta vasta extensión de material era tradicionalmente conocido como el Tripiṭaka o «las Tres Colecciones»: el Vinaya Piṭaka o Colección de Disciplina Monástica, el Sūtra Piṭaka o Colección de Disertaciones y el Abhidharma Piṭaka o Colección de Doctrina Avanzada. Tanto desde el punto de vista espiritual como histórico la más importante de ellas es el Sūtra Piṭaka, y los Diez Preceptos se mencionan, de un modo u otro, en cada uno de los cuatro (o cinco, en el caso del Pali Tripiṭaka) *āgamas* o *nikāyas* que componen el Piṭaka.

En el caso de la recensión pali del Tripiṭaka, la primera alusión a los Diez Preceptos se encuentra en el *Kūṭadanta Sutta*, quinto sutta del *Dīgha-Nikāya* o «Colección de Disertaciones Extensas». Este sutta trata sobre el tema del sacrificio, y se preocupa por demostrar la superioridad del «sacrificio» puramente moral y espiritual que Buda enseñó en contra de los sacrificios sangrientos del antiguo brahmanismo. El brahmán Kūṭadanta, cuyo nombre lleva el título del sutta, reunió cientos de animales para ofrecerlos en un gran sacrificio, pero al no saber cómo llevarlo a cabo con su triple método y sus *dieciséis* instrumentos complementarios (otro importante ejemplo de dicha cifra numérica), decidió ir a ver a Buda para preguntárselo, ya que era muy entendido en la materia. En respuesta a la pregunta de Kūṭadanta, Buda le narró la historia de un gran rey de la antigüedad llamado Mahāvijita. Este monarca también quiso ofrecer un gran sacrificio y había pedido al capellán real que le instruyera sobre cómo debía realizarlo. El capellán real (que era Buda en una de sus anteriores reencarnaciones) le enseñó lo que, en realidad, era una sistemática alegoría del procedimiento completo para realizar un sacrificio. Entre otras cosas, le explicó al rey —y esta parte es la que nos concierne— los diferentes tipos de personas que acudirían al sacrificio:

Ahora, Señor, acudirán a tu sacrificio personas que destruyen la vida de los seres vivos y personas que se abstienen de hacerlo, personas que toman lo que no les pertenece y personas que se abstienen de hacerlo, personas que actúan movidas por la lujuria y personas que se abstienen de ello, personas que mienten y personas que no lo hacen, personas que calumnian y personas que no lo hacen, personas que hablan de forma grosera y personas que no lo hacen, personas que parlotean sobre banalidades y personas que se abstienen de hacerlo, personas codiciosas y personas que no codician, personas que albergan malevolencia y personas que no lo hacen, personas con ideas erróneas y personas con ideas rectas.[5]

Aquí los Diez Preceptos, con sus formas positivas y negativas, son mencionados con claridad. Después de recibir más instrucciones de Buda, que le expone para su beneficio los sucesivos estadios de los progresos espirituales, Kūṭadanta comprende cuál es de entre todos el mejor sacrificio y obtiene el puro e intachable Ojo de la Verdad, convirtiéndose de este modo en un iniciado. Es interesante el hecho de que en este sutta se mencionen los Diez Preceptos en el contexto de una historia ocurrida en tiempos remotos, ya que sugiere que para los compiladores de «la Colección de Disertaciones Extensas» esta particular fórmula ética era de gran antigüedad, o que pertenecía a los inicios del budismo.

Pasando del *Dīgha-Nikāya* al *Majjhima-Nikāya* o «Colección de Disertaciones de Mediana Extensión», encontramos una detallada exposición de los Diez Preceptos en el importante *Sevitabba-asevitabba-sutta*, o «Disertación sobre aquello que se debe seguir y aquello que no se debe seguir» (*Majjhima-Nikāya,* núm. 114). Esta exposición no está realizada por Buda sino por Sāriputta, que explica a los monjes el completo significado de lo que Buda había explicado de manera sucinta. Buda les había enseñado que existen dos clases de conducta corporal, dos clases de conducta verbal y dos clases de conducta mental; así como también son dos los modos de surgir los pensamientos, dos las maneras de asumir las percepciones, dos las maneras de asumir las ideas y dos las maneras de asumir la individualidad, y en cada uno de estos grupos hay una manera que debe ser seguida y otra que no lo debe ser. Sāriputta lo explica mostrando la diferencia entre un tipo de conducta corporal que origina un aumento de estados mentales de ofuscación (*akusala*) y una disminución de estados mentales de lucidez (*kusala*) y otro tipo de conducta corporal que origina la disminución de estados mentales de ofuscación y aumenta, en cambio, estados mentales de lucidez. Debe ser rechazada la primera manera y seguir la segunda. Aplicándolo a la conducta corporal, verbal y mental (los cuatro pares restantes son tratados como subdivisiones de la conducta mental), Sāriputta especifica en cada caso qué clase de conducta origina un aumento de estados mentales de ofuscación y una disminución de estados mentales de lucidez y viceversa. De este modo, describe con cierto detalle los diez *akusala-dhammas* que se deben rechazar y los diez *kusala-dhammas* que se deben cumplir y cultivar, es decir, expone los Diez Preceptos. (Es significativo que a lo largo del sutta tan sólo estén presentes *bhikkhus* o «monjes».)

Como ejemplo de la exposición de Sāriputta, la totalidad de la cual es aprobada y, de hecho, repetida palabra por palabra por Buda, me gustaría citar parte de la explicación que da sobre el contenido del Octavo y Noveno Preceptos, es decir, la que hace alusión a abstenerse de tener codicia y malevolencia y por el contrario practicar sus opuestos. Ante todo se preocupa de dejar bien claro aquello que va explicando. Es en exposiciones de este tipo donde quizá podamos distinguir los inicios del Abhidharma, con el cual, por supuesto, va asociado el nombre de Sāriputta.

«Yo, monjes, os digo que existen dos clases de conducta mental, una que debéis seguir y otra que no debéis seguir; aquí es donde reside la disparidad de la conducta mental.» Esto fue dicho por Buda. ¿En relación a qué lo dijo?

Venerado señor, si se sigue una determinada conducta mental y ésta da origen a un aumento de estados mentales de ofuscación y a una disminución de estados mentales de lucidez, esta clase de conducta mental no se debe seguir.

¿Y qué clase de conducta mental, venerado señor, sigue una persona para que aumenten los estados mentales de ofuscación y disminuyan los estados mentales de lucidez? En lo que a esto hace referencia, venerado señor, si alguien que es codicioso desea la propiedad de otra persona pensando: «Oh, si pudiera ser mío lo que ella posee», y la malevolencia anida en su pensamiento, su mente e intenciones son corruptas, y además piensa: «Ojalá que estos seres mueran, o sean asesinados, aniquilados o destruidos, o que no sigan existiendo». Si se sigue esta clase de conducta mental, venerado señor, aumentan los estados mentales de ofuscación y decrecen los estados mentales de lucidez.

¿Y qué clase de conducta mental, venerado señor, debe seguir una persona para disminuir los estados mentales de ofuscación y aumentar los estados mentales de lucidez? En lo que a esto hace referencia, venerado señor, si alguien que no es codicioso no desea la propiedad de otra persona pensando: «Oh, si pudiera ser mío lo que ella posee», y sin albergar malevolencia alguna en su pensamiento, su mente e intenciones no son corruptas, y en cambio piensa: «Que estos seres, libres de la enemistad y en paz, seguros y felices, vivan en armonía». Si se sigue esta clase de conducta mental, venerado señor, los estados mentales de ofuscación disminuyen y aumentan los estados mentales de lucidez. Cuando Buda afirmó: «Yo, monjes, os digo que existen dos clases de conducta mental, una que debéis seguir y otra que no debéis seguir; aquí es donde reside la disparidad de la conducta mental», lo dijo en relación a esto.[6]

Aunque el *Sevitabba-asevitabba-sutta* es, quizás, una de las fuentes canónicas pali de los Diez Preceptos más importantes, existen también otras. En particular, hay un grupo importante de aproximadamente cincuenta suttas cortos en el *Aṅguttara-Nikāya* o «Colección de Proverbios Graduales» (o numéricos), es decir, proverbios uno, dos, tres, y así sucesivamente, hasta llegar al once. Muchos de estos suttas difieren sólo en cuanto al lugar donde fueron pronunciados y la persona a la que iba dirigida la enseñanza, pero en cualquiera de los casos fue Buda quien los pronunció. Algunos suttas se asemejan al *Kūṭadanta-sutta* en el sentido de que cumplir con los Diez Preceptos es la mejor manera de ofrecer un sacrificio, de realizar ritos de purificación o de hacer ofrendas a los difuntos. Entre los suttas de este tipo existe uno (sin título) que es característico de todo el grupo. En este sutta Buda explica a Cunda, el platero que se siente lleno de admiración ante los ritos purificadores de «los brahmanes del oeste que acarrean recipientes con agua», en qué consiste la verdadera purificación. Después de describir cómo se deben cumplir los Diez Preceptos en su forma negativa, continúa describiendo cómo se deben cumplir en su forma positiva:

Cunda, el cuerpo se purifica tres veces, el habla se purifica cuatro veces y la mente se purifica tres veces. ¿Cómo se purifica tres veces el cuerpo?

De la siguiente manera, Cunda: cuando alguien renuncia a arrebatar la vida y se abstiene de hacerlo; deja a un lado la vara y aparta de sí el cuchillo; se vuelve modesto, caritativo, siente compasión hacia cualquier criatura viviente.

Cuando renuncia a tomar aquello que no le pertenece y se abstiene de hacerlo; la propiedad de otro, ya esté situada en la jungla o en el pueblo, si no se la ofrecen, no la toma con intención de hacerla suya.

En cuanto a los deseos sexuales, renuncia a cometer acciones deshonestas, se abstiene de hacerlo. No mantiene relaciones sexuales con muchachas que estén aún bajo tutela materna o paterna, o del hermano, hermana o parientes (o clan), ni con muchachas legalmente reservadas, prometidas ya en matrimonio y protegidas por la ley, ni tampoco con muchachas ya coronadas con la guirnalda de flores de los esponsales. Así es, Cunda, como se purifica el cuerpo.

¿Y cómo se purifica cuatro veces el habla?

De la siguiente manera, Cunda: cuando alguien renuncia a mentir y se abstiene de hacerlo. Cuando le citan para que aparezca ante un consejo, una compañía de milicias, en medio de sus parientes, ante una asociación de comerciantes o ante la familia real y le piden que atestigüe con las siguientes palabras: «¡Ven, buen hombre! Di cuanto sepas». Si no sabe nada, dice: «No sé nada»; si sabe, dice: «Lo sé»; si no ha visto nada, dice: «No he visto nada»; y si lo ha presenciado, dice: «Lo he visto». Así pues, no pronuncia deliberadamente ninguna falsedad, aunque sea para su propio provecho, para beneficiar a otros o para ganar algún favor carnal.

Cuando alguien renuncia a proferir calumnias y se abstiene de hacerlo. Si oye algo en algún lugar no lo proclama en otro provocando una disputa entre ambas partes, sino que apacigua las discordias y restablece la armonía, puesto que le llena de alegría, de gozo, siente un auténtico fervor por ella. Sus palabras producen armonía. Nunca habla con rudeza, se abstiene de hacerlo. Ni calumnia a nadie, es la clase de persona que siempre pronuncia palabras gratas, cariñosas, cálidas, corteses, agradables y encantadoras para la mayoría de la gente. Además, al renunciar a las conversaciones banales, se abstiene de ellas. No habla por hablar sino que conversa sobre hechos, objetivos, dhamma, disciplina; lo que dice posee un genuino valor, no habla fuera de lugar y merece la pena escucharle; es exigente con sus objetivos y se preocupa por ellos.

Así es, Cunda, cómo se purifica cuatro veces el habla. ¿Y cómo se purifica tres veces la mente?

Cuando alguien no es codicioso y no desea la propiedad de otra persona pensando: «Oh! si pudiera ser mío lo que ella posee», su corazón no alberga malevolencia y sus pensamientos no son corruptos. Sino que piensa: «Que estos seres vivan en paz, y que sean libres de enemistades, sufrimiento y que sean felices».

También posee ideas rectas; sus criterios son razonables, considera y afirma la existencia de cosas tales como las ofrendas, los ofrecimientos, las oblaciones, los frutos y las consecuencias de las acciones buenas o malas; que hay otro mundo además del nuestro; cree en la existencia de una madre y de un padre y también en seres (de otros mundos) de nacimiento sobrenatural; que en el mundo habitan ermitaños y brahmanes que han emprendido la senda de la rectitud y que con ella han llegado hasta muy lejos, personas que a través de su propia comprensión han comprendido la realidad de este mundo y la del más allá.

Es así, Cunda, como se purifica tres veces la mente. Éstas son las diez formas de obrar correctamente.[7]

En otros suttas Buda habla sobre el cumplimiento y el incumplimiento de los Diez Preceptos (por regla general sólo en su forma negativa) en términos de este mundo y el del más allá, dhamma y no-dhamma, luz y oscuridad, etcétera, dejando claro de este modo que los Diez Preceptos representan un modelo de conducta ética que puede ser observado de diferentes maneras y desde dis-

tintos puntos de vista. Por otra parte, en varios suttas
Buda habla sobre la posibilidad de que uno posea o no
posea las diez, veinte, treinta o cuarenta cualidades meri-
torias o demeritorias. Las diez cualidades son equivalentes a cumplir (o no cumplir) los Diez Preceptos; las veinte cualidades son equivalentes no sólo a cumplirlos (o no
cumplirlos) sino, además a alentar a los demás (o no alen-
tarles) para que también los cumplan. Del mismo modo,
las treinta cualidades consisten en que uno cumpla los
Diez Preceptos, que aliente a los demás a cumplirlos y
muestre su aprobación (o desaprobación); y las cuarenta
cualidades comprenden las treinta cualidades y además
alabar (o no alabar) los Diez Preceptos. Aquí se da igual
importancia a los aspectos de ética y vida espiritual, bien
sea en relación con uno mismo o con los demás.

Las fuentes canónicas de los Diez Preceptos pueden
también hallarse en la recensión sánscrita del Tripiṭaka,
que incluye los sūtras mahāyāna. Si bien hemos demostrado con claridad que fue Buda quien enseñó los Diez
Preceptos y que éstos se hallan en las escrituras budistas,
me gustaría tratar sobre sus fuentes canónicas sánscritas
aunque de manera aun más sumaria que con sus homólo-
gas palis. Por supuesto que la recensión sánscrita del Tripiṭaka no ha subsistido en su totalidad en su lenguaje original. Entre las partes que se conservan, una de las más
importantes es el *Mahāvastu*, obra que se dice pertenece
al Vinaya-Piṭaka o al Lokuttaravādins, subescuela del
Mahāsāṅghikas, aunque no trata en absoluto sobre Vina-

ya o disciplina mónastica en el sentido ordinario del término. El *Mahāvastu* es, en realidad, una «biografía legendaria» sumamente devocional de Buda, en la que hay intercalados numerosos Jātakas o Historias de los nacimientos de Buda. Es en uno de estos Jātakas donde se mencionan los Diez Preceptos.

El Jātaka en cuestión es el Kinnarī Jātaka, una encantadora narración de amor, aventuras y magia que más bien recuerda las novelas de caballería artúricas y las historias de *Las mil y una noches*, que no la clase de temática que normalmente se encuentra en las escrituras budistas, en especial en el Vinaya-Piṭaka. No hay tiempo para resumir el Kinnarī Jātaka, pero en cierto momento de la historia, el príncipe Sudhanu, héroe de la narración, Buda en una de sus anteriores reencarnaciones, asiste al gran sacrificio brahmánico que el rey Sucandrima está a punto de realizar «con toda clase de animales», entre los que está incluida Manoharā, la Kinnarī o «doncella geniecillo», heroína de la narración, que acaba de ser capturada. Cuando el príncipe Sudhanu pregunta al rey por qué hay tantos seres vivos (entre ellos la infortunada Kinnarī) encerrados en el recinto de los sacrificios y qué ganará con ello, el rey le contesta que los seres vivos sacrificados irán al cielo, y que también él renacerá allí tantas veces como seres haya sacrificado.

El príncipe, profundamente horrorizado, dice al rey que tiene una idea equivocada, porque la regla más elevada del dharma (*paramaṁ dharmaṁ*) es no causar daño (*ahiṁsa*). Quitar la vida no es dharma, declara; abstenerse de quitar la vida es dharma. De modo similar, robar no es dharma; abstenerse de robar es dharma. De este modo Sudhanu enuncia los Diez Preceptos. En realidad hace más todavía. Entre el tercer y cuarto preceptos añade otro relacionado con las intoxicaciones producidas por licor y alcohol. Es interesante descubrir que, tras enunciar los preceptos, concluye afirmando que el camino de las *diez* acciones correctas es dharma. Aquellos que siguen el camino de las diez acciones incorrectas, dice al rey, renacen en el infierno. Los que siguen el camino de las diez acciones correctas renacen en el cielo. En el presente caso el camino tomado por el rey no es el del cielo, sino el que conduce al infierno.

El rey Sucandrima queda tan impresionado por la exposición del dharma que libera a todos los seres vivos a quienes tenía intención de sacrificar, Kinnarī incluida, con lo cual Sudhanu y Manoharā, que, por supuesto, se han enamorado, parten hacia la ciudad del príncipe, aunque esto es tan sólo el inicio de la narración.[8]

Algunos de los sūtras mahāyāna se conservan en sánscrito original, la mayoría sólo están traducidos al chino y/o al tibetano. Entre los que todavía se conservan en sánscrito se halla el *Aṣṭasāhaśrikā-prajñapāramitā* o «La Perfección de la Sabiduría en 8.000 líneas», en el que Buda, dirigiéndose al arhant Subhūti, habla sobre los signos de un bodhisattva irreversible, es decir, un bodhisattva que habiendo renunciado a la posibilidad del nirvana para él solo, alcanza de manera irreversible la suprema y perfecta Iluminación para beneficio de todos los seres sensibles. Un bodhisattva irreversible como éste, dice Buda, promete cumplir las diez vías o modos de actuar con rectitud. Las cumple y alienta a los demás a cumplirlas, se abstiene de quitar la vida, etcétera, hasta llegar a abstenerse de abrigar ideas erróneas.

Es cierto que un bodhisattva irreversible cumple con los diez modos de actuar correctamente y alienta a otros a cumplirlos, les estimula y anima a que lo hagan, ayuda y orienta a los demás a seguir esta senda. No quebranta nunca en sueños los diez preceptos, y tampoco los quebranta en su mente. Incluso soñando, un bodhisattva irreversible tiene presentes en su mente los diez modos de actuar con rectitud.[9]

Uno de los sūtras mahāyāna más importantes que no se ha conservado en sánscrito original, sino en su traducción china y tibetana, es el *Vimalakīrtinirdeśa* o «Exposición de Vimalakīrti». En ella se afirma que la pureza de los *kuśala-karma-pathas* o los diez modos de actuar con rectitud, los Diez Preceptos mencionados en este contexto, son el *buddha-kṣetra* o Tierra Pura del bodhisattva.[10] Por otra parte, es a partir de los diez modos de actuar con rectitud que nace el cuerpo del Tathagata (*kāya*).[11] Según Vimalakīrti, los diez modos de actuar con rectitud es una de las maneras en que el bendito Śākyamuni expone el dharma en este lugar, en el mundo de Sahā y en otros.[12] Finalmente se mencionan los Diez Preceptos en el celebrado tercer capítulo del *Suvarnaprabhāṣa Sūtra* o «Sūtra de la Luz Dorada», en el capítulo sobre la Confesión, que probablemente forma el núcleo original de toda la obra,[13] y también constituyen el tema principal de la «Disertación sobre los diez modos de actuar con rectitud», un breve escrito que se dice fue traducido del sánscrito al chino.

Una vez demostrado que fue Buda quien en realidad enseñó los Diez Preceptos que los miembros de la Orden Budista Occidental prometen cumplir, y que son mencionados en el Tripiṭaka, ahora estamos en disposición de preguntarnos por qué la total transformación que experimenta, o debería experimentar, el individuo con el acto de Tomar Refugio, encuentra su expresión más adecuada en los Diez Preceptos y no en cualquier otro grupo de ellos.

3

LOS DIEZ PRECEPTOS
Y LA TRANSFORMACIÓN TOTAL

La realidad concreta del ser humano, hombre o mujer, no es simple, sino compuesta, ya que está constituida por varios elementos que se pueden diferenciar, aunque de hecho no estén divididos. Estos elementos se enumeran de formas muy diversas. Según el cristianismo paulino, el hombre se divide en cuerpo, alma y espíritu; en el hinduismo de los Upanisad, está integrado por cinco *kośas* que consisten, respectivamente, en alimento, respiración, mente, inteligencia y energía gozosa; según el neoplatonismo, está constituido por soma, psique y pneuma, y así sucesivamente. Tradicionalmente, en el budismo el ser humano se analiza a partir de dos, tres, o cinco elementos principales, cada uno de ellos, por supuesto, susceptible de un análisis más profundo. Del análisis del hombre en dos elementos resulta el *nāma* o «nombre», que significa su existencia mental subjetiva, y *rūpa* o forma, que indica su existencia material objetiva. El análisis en tres elementos da como resultado el cuerpo (*kāya*), el habla (*vāk, vācā*) y la mente (*citta*). En un análisis más elaborado del ser humano en cinco elementos, resultan la forma mate-

rial (*rūpa*), las sensaciones (*vedanā*), las percepciones
(*saṁjñā*) las formaciones mentales (*saṁskāra*) y la conciencia (*vijñāna*), conocidos en conjunto como los cinco
«agregados» (*skandhas*).

Cada grupo de elementos, ya sean de naturaleza doble, triple o quíntuple, forman el centro de una vasta y
compleja red de correlaciones y asociaciones doctrinales,
éticas y simbólicas que, al desarrollarse con el paso de los
siglos, se volvieron cada vez más elaboradas. Lo que en el
caso de un ser humano ordinario no iluminado es simplemente nombre y forma, en un Buda es el *dharmakāya*
y *rūpakāya*, o sea, el «cuerpo» en que realiza la última
verdad de las cosas y el «cuerpo» en el que continúa ma-
nifestándose en el mundo de las apariencias. De forma similar, existe una correlación entre la triple composición
de un individuo, que consiste en cuerpo, habla y mente,
y la triple composición de Buda, que consiste (según la
sistematización del Yogācarā adoptada posteriormente
por todas las escuelas mahāyāna) no sólo en un *dharmakāya* y *rupakāya* (en este esquema llamado *nirmāṇakāya*
o «cuerpo creado»), sino también en un *sambhogakāya* o
«cuerpo de gloria» (literalmente «cuerpo de mutuo
gozo») que se manifiesta en los planos espirituales más
elevados y por medio del que, en particular, se comunica
con Budas de otros sistemas y mundos y con avanzados
bodhisattvas. En el caso del análisis quíntuple del ser humano, los cinco agregados guardan correlación con varios y distintos grupos de cinco, tanto microcósmicos

como macrocósmicos. Existen las cinco familias de Budas, los cinco conocimientos (*jñāna*), las cinco emociones oscurecedoras (*kleśa*), los cinco elementos, los cinco colores, etcétera.

Además, dado que todos ellos son análisis del mismo «objeto», es decir, la realidad concreta del ser humano, los análisis dobles, triples o quíntuples se relacionan entre sí. El «nombre» resultante del análisis en dos elementos corresponde al habla y a la mente del triple análisis (y viceversa), mientras que la mente del triple análisis corresponde a la sensación, percepción, volición y conciencia del quíntuple análisis (y viceversa). En otras palabras, cada análisis es un análisis del ser humano en su totalidad y, naturalmente, es sobre la transformación del ser humano en su totalidad que hablamos cuando nos referimos a los Diez Preceptos y la transformación total. Esta última representa la transformación total del ser humano de acuerdo al más alto ideal imaginable, el Ideal de Iluminación del ser humano.

Pero ¿cómo es que son los *Diez* Preceptos, en concreto, y no los Cinco u Ocho los que deben asociarse con este proceso de transformación total? La respuesta a la pregunta va implícita en lo que se ha mencionado con anterioridad. Los preceptos, en principio, representan la prolongación del acto de Tomar Refugio en cada uno de los aspectos de nuestra existencia. En otras palabras, representan la transformación total del individuo que toma refugio, de acuerdo con el ideal que implica el acto de

Tomar Refugio. Los preceptos que esta persona promete cumplir, como prolongación natural de Tomar Refugio, deberán, por consiguiente, corresponder a los principales elementos de su existencia. Esto significa que la división de los preceptos deberá corresponder a la «división» del ser humano tal como viene representada en uno u otro de los análisis budistas tradicionales.

El único grupo de preceptos que cumple con este requisito es el de los Diez Preceptos, ya que comprende tres preceptos que gobiernan el cuerpo, cuatro que gobiernan el habla y tres que gobiernan la mente, lo que corresponde al triple análisis del individuo, que consiste en cuerpo, habla y mente. Los Diez Preceptos son los únicos que muestran con suficiente claridad el hecho de que los preceptos representan la transformación total del ser humano como consecuencia de haber tomado refugio. Por ello los miembros de la Orden Budista Occidental se comprometen a cumplir los Diez Preceptos.

Antes de concluir nuestro estudio sobre este tema, desearía llamar la atención sobre un hecho interesante y significativo. Como hemos visto, el budismo analiza al ser humano en cuerpo, habla y mente, y es esta tríada la que aporta las bases a los Diez Preceptos. Efectivamente, «cuerpo, habla y mente» son mencionados a lo largo de todo el Tripiṭaka, y todas las apariencias apuntan a que la tríada se remonta a los inicios del budismo y que formaba parte del propio «lenguaje» de Buda. Como ya sabemos, este lenguaje fue adoptado, y en parte adaptado, de la tradición o tradiciones religiosas hindúes existentes en aquel entonces, aunque algunos términos y conceptos experimentaron una radical redefinición y reinterpretación. La tríada constituida por cuerpo, habla y mente no formaba parte del «lenguaje» existente en aquel tiempo. En realidad, según fuentes que todavía no he tenido la oportunidad de verificar, el concepto de ser humano constituido por cuerpo, habla y mente no se halla en los Vedas. Si no fue Buda quien estableció esta división, cosa que parece poco probable, ¿en dónde se inspiró? Únicamente pudo haberse inspirado, y éste es el interesante y posible hecho significativo que quiero subrayar, de la tradición zoroástrica, en la que la misma tríada ocupa un lugar sumamente importante y en la que, al igual que en el budismo, se pone un especial énfasis en sus correspondientes purificaciones triples.

Esto despierta todo tipo de fascinantes interrogantes concernientes a las relaciones entre la India y el Imperio Persa, y entre la India y Asia Central, y también los que podamos plantearnos sobre hasta qué punto el zoroastrismo influenció al budismo y, a su vez, éste al sufismo. Aunque fascinantes, son preguntas a las que dedicaremos nuestra atención en una futura ocasión. Entretanto, nos enfrentaremos al siguiente tema.

4

LOS DIEZ PRECEPTOS COMO PRINCIPIOS ÉTICOS

En primer lugar haremos algunas definiciones. Una vez llegados a este punto entenderemos por «principio»: *a*) «Una verdad fundamental»; una ley o doctrina de la cual se derivan o en las que se fundamentan otras. Y *b*) «Una determinada norma de actuación; una norma de conducta; una opinión, actitud o creencia que ejerce una influencia directriz en la vida y en la conducta; una norma (usualmente, una norma de rectitud) de conducta que dirige de modo consecuente nuestras acciones.» Por ello es evidente que la palabra «principio» (que, en última instancia, procede del latín *principium*, *princeps*) tiene mucho en común con la palabra sánscrita *dharma* (en pali, dhamma; en chino, *fa*; en tibetano, *chös*). El dharma que Buda enseñó, la segunda de las Tres Joyas en la que tomamos refugio, representa no sólo la verdad fundamental o realidad de las cosas, como se revela en la conciencia iluminada de Buda, sino la verdad o realidad comunicada al género humano en forma de ley o doctrina de gran alcance, de la cual se deriva una ley de conducta que ejerce una influencia directa en la vida y conducta del individuo «dharmacari(ni)», es decir, la que «conduce» (*carati*) al verdadero y recto dharma. Así pues, los términos principio y dharma tienen un doble significado, un significado que se relaciona tanto con el pensamiento y la acción como con la teoría y la práctica. Generalmente la ética se define como «la ciencia del deber moral» o, en términos más generales, como «la ciencia de la conducta humana ideal y de la finalidad ideal de los actos humanos». Para el fin de esta exposición, se podría definir como una rama del conocimiento que concierne a la conducta humana, si ésta es considerada bajo los conceptos de buena o mala.

He utilizado la expresión «los Diez Preceptos» como la equivalente a un buen número de términos diferentes en sánscrito y pali. Lo que llamamos los Diez Preceptos es mencionado en las fuentes canónicas como los diez *śīlas* (un término que se aplica, como veremos más tarde, a algo más que un grupo de preceptos), los diez *śikṣāpadas*, los diez *kuśala-karma-paṭhas*, etcétera. (Es necesario subrayar que aunque los términos para denominarlos varían, la cantidad de elementos comprendidos en el grupo siempre es la misma, así como el contenido de cada uno de ellos.) En realidad, tal como hemos visto al referirnos a los cincuenta suttas del *Aṅguttara-Nikāya*, las fuentes canónicas de los Diez Preceptos, lo que llamamos los Diez Preceptos, se conoce, en realidad, con una amplia diversidad de denominaciones, pero su contenido es siempre el mismo. Quizá la expresión más conocida referida a los Diez Preceptos es aquella que los califica como los preceptos que consisten en abstenerse de cometer los diez *akuśala-dharmas*, y en cumplir, practicar o cultivar los diez *kuśala-dharmas*.

«*Kuśala*» es un término muy importante. En su significado más amplio quiere decir inteligente, hábil, o experto en el sentido de saber cómo actuar de modo beneficioso y no al contrario. *Kuśala-karma* o acción hábil significa la acción dirigida a asegurar, tanto a quien la realiza como a los demás, los mejores resultados posibles en cuanto a felicidad, conocimiento y libertad, es decir, una acción que tiene constantemente presente la ley del *karma*, así como la dolorosa, inconstante e insustancial naturaleza de la existencia condicionada, y de la gozosa, permanente, y «vacía» naturaleza de lo Incondicional. *Kuśala* es un término ético, ya que se aplica, en palabras de nuestra definición de ética, a la «conducta humana, si ésta se considera bajo los conceptos de correcta e incorrecta». Pero todavía hay más. El término *kuśala* no se aplica a la conducta humana considerada bajo los conceptos de correcta e incorrecta en un sentido meramente abstracto o «comparativo». Se aplica en relación a una muy definida y específica noción de lo que el término *kuśala* implica, e incluso de lo que encarna, es decir, la noción de «correcto» es lo que conduce a alcanzar la Iluminación e «incorrecto» lo que nos aleja de ella. Así pues, el significado de ética y de «*kuśala*» coincide. *Kuśala* no es sólo un término ético, *kuśala* es en sí mismo lo ético.

Pero todavía se puede ir más lejos. El tema que ahora estamos tratando es «los Diez Preceptos como principios éticos». Hemos visto que el término más conocido referente a los Diez Preceptos es los diez *kuśala-dharmas*. También hemos visto que la palabra «principio» tiene mucho en común con la palabra «dharma», hasta el extremo de que comparte la doble connotación que se refiere a ambas, pensar y hacer, teoría y práctica, y que el significado de la palabra *kuśala* coincide con el de «ética» e incluso con «lo que es ético». Por ello ha quedado bien claro que lo que en realidad representan los Diez Preceptos son principios de ética o principios éticos. No son reglas en el sentido restringido e insignificante del término. No se refieren directamente a las minucias de la conducta, aunque, por supuesto, de manera indirecta, tengan que ver con ellas.

El hecho de que, como ya hemos visto, cumplir con los preceptos represente la prolongación del acto de Tomar Refugio en cada uno de los aspectos de nuestra existencia, es decir, la transformación total del individuo que toma refugio, de acuerdo con el ideal que implica el Tomar Refugio, significa que nuestra conducta va siendo cada vez más gobernada por los diez importantes principios éticos, principios de no-violencia o amor, de no apropiación o generosidad, etcétera. Así, pues, los Diez Preceptos no son reglas, aunque éstas se hayan originado o derivado de ellos. Si logramos considerar los preceptos como lo que en realidad son, como principios éticos, y siguéndolos, como resultado de nuestro compromiso hacia el Ideal de Iluminación, intentamos vivirlos lo mejor que sepamos, evitaremos mucha confusión. Incluso encontraremos en los preceptos más fuerza inspiradora.

Aunque los preceptos son, sin lugar a dudas, principios y no reglas, éstas, en el sentido de reglas de aprendizaje, pueden, como he dicho anteriormente, haberse originado o derivado de ellos. Sin embargo, tanto si los preceptos son considerados principios como reglas, deben ser transmitidos de maestro a discípulo en su contexto ceremonial apropiado. Ahora trataremos sobre el tema de los Diez Preceptos como reglas de aprendizaje.

5

LOS DIEZ PRECEPTOS COMO REGLAS
DE APRENDIZAJE

La expresión «reglas de aprendizaje» se ha utilizado en este contexto simplemente como la equivalente a la palabra sánscrita *śikṣāpadas* (en pali *sikkhāpada*), traducida también como «preceptos morales» o incluso como «grupo de preceptos». Al hablar de los Diez Preceptos como «reglas de aprendizaje» estamos hablando, en realidad, de los Diez Preceptos como *śikṣāpadas*, y por esta razón es necesario preguntarnos el significado del término. *Pada* quiere decir «avance, paso» y, aplicando su significado, «caso, grupo, principio, parte, constituyente, característica, ingrediente, tema, cosa, elemento». En este contexto la traducción más adecuada sería la de «tema», o sea que si *śikṣā* significa «aprendizaje», *śikṣāpada* quiere decir «tema de aprendizaje». *Śikṣā* es una palabra interesante que forma parte de un buen número de compuestos. Deriva del desiderativo de una raíz verbal que significa «ser capaz de», y significa «aprender, estudiar, ser hábil en», y también «enseñanza, aprendizaje». La palabra de nuestro idioma que más se le parece sería «educación», aunque ésta proceda de la raíz latina que significa «sacar información», y, en cambio, *śikṣā* procede de la raíz sánscrita que significa «ser capaz de». Debe de haber sutiles diferencias de connotaciones entre los dos términos que tanto pedagogos como *śikṣāvādins* pueden encontrar de utilidad estudiar. Al hablar de los Diez Preceptos como *śikṣāpadas* estamos refiriéndonos a «algo que aprender», lo que significa que estamos hablando en términos de «algo *capaz*» de ser aprendido. Es más, al hablar de los preceptos como *śikṣāpadas*, y, por lo tanto, como capaces de ser aprendidos (y se los denomina de este modo al «ser recibidos de un maestro»), estamos hablando al propio tiempo de uno mismo, en el sentido de que somos capaces de aprender, es decir, capaces de cumplir, o de poner en práctica, aquellos principios éticos que, como ya hemos visto, representan básicamente los Diez Preceptos.

Naturalmente, este énfasis en la capacidad, estudio y aprendizaje está de acuerdo con el espíritu del budismo. De hecho, una conocida fórmula canónica afirma que Buda es el *purisadama-sārathi* «el Auriga para el aprendizaje de las personas», y en más de un pasaje del Tripitaka Buda describe el recorrido de la vida espiritual como la gradual doma y adiestramiento de un fogoso y joven caballo (véanse las «*Ox-herding Pictures*» del Zen).

Ahora bien, aprender guarda correlación con enseñar; cuando una persona aprende implica que hay otra que enseña. Dicho de otro modo, así como la educación implica la existencia de un educador y alguien que está siendo educado, un aprendizaje implica la existencia de un instructor, y los preceptos la existencia de un preceptor. El hecho de que los Diez Preceptos, es decir, los diez importantes principios éticos, sean *śikṣāpadas* significa que los Diez Preceptos no sólo son algo que se debe aprender (y, por consiguiente, algo que uno se considera capaz de aprender) sino también algo que aprender personalmente de un maestro. Ésta es la razón por la que en el momento de la «ordenación» se reciben los Diez Preceptos de un maestro o preceptor, y si en este contexto los Diez Preceptos se denominan *śikṣāpadas* o cosas que uno desea y es capaz de aprender, es porque no significa simplemente que se reciban como principios éticos que dirigirán toda nuestra vida, sino como principios que deben ser aprendidos de un maestro.

Aprender los Diez Preceptos o los diez importantes principios éticos implica varias cosas. Implica aprender en el sentido de imbuirse del espíritu, que es distinto de la letra, de los Diez Preceptos, saber cómo aplicarlos a los quehaceres de la vida cotidiana, saber confesar su posible incumplimiento y cómo solucionar este incumplimiento. También implica aprender a tomar y mantener los votos, en cuanto que solemnes promesas de realizar algo (por ejemplo, ejecutar la *pūjā* de las Siete Etapas cada día), o no hacer algo (por ejemplo, no mantener relaciones sexuales) durante un determinado tiempo. Obviamente, se podría hablar muy extensamente sobre todo ello, pero como no disponemos de excesivo tiempo y todavía nos quedan muchas cosas por tratar, debemos pasar al siguiente tema.

6

LOS DIEZ PRECEPTOS
COMO «MŪLA-PRĀṬIMOKṢA»

El término PRĀṬIMOKṢA (en pali, PĀTIMOKKHA) es uno de los más interesantes e importantes términos del inicio del budismo, o para ser más precisos, lo que algunos eruditos han denominado inicio del budismo monástico. A pesar de la importancia del término, su verdadero significado e incluso la naturaleza de su significado original para la comunidad budista son todavía temas de debate. Igual que Childers, los más modernos eruditos parecen considerarlo como equivalente a la palabra *praṭimokṣa* en el sentido de «promesa, obligatorio, obligación»; así pues, *prāṭimokṣa* (con una *ā* larga) significa «aquello que hay que cumplir». Una tradicional interpretación popular es la de «liberarse de», el liberarse de en cuestión es la absolución (*mokṣa*) del (*prāṭi*) incumplimiento de los preceptos obtenida por un monje al confesar su falta en la reunión quincenal de la comunidad monástica. Según la tradición tibetana, que deriva posiblemente de fuentes hindúes, *prāṭimokṣa* se sobreentiende como «liberación individual» (*so sor thar pa*) en el sentido de disciplina que fortalece la liberación individual del monje o monja.[14] Sea el que fuere el significado literal del término, o la naturaleza de su significado original para la comunidad budista, de lo que no cabe la menor duda es de que en un inicio ya se aplicó al grupo de 150 reglas que el monje promete cumplir, reglas que formaron la columna vertebral, por así decirlo, del código que abarca de 227 a 263 reglas (varía según las tradiciones) que gobiernan el sistema del ya plenamente desarrollado monasticismo cenobítico. Por extensión de su significado, el término también puede aplicarse, al fin y al cabo, a los respectivos códigos de cada una de las siete diferentes clases sociorreligiosas de personas que comprende la comunidad budista. Además del *bhikṣu-prātimokṣa* existía un *bhikṣunī-prātimokṣa* o código de reglas para monjas, un *prātimokṣa* para la *śikṣamānā* o mujer en período de prueba, un *prātimokṣa* para el *śrāmaṇera* o varón novicio, un *prātimokṣa* para la *śrāmanerikā* o mujer novicia, un *prātimokṣa* para el *upāsaka* o varón feligrés laico y un *prātimokṣa* para la *upāsikā* o mujer feligresa laica. Así pues, existían siete diferentes *prātimokṣas* o siete diferentes grupos de reglas o grupos de preceptos que, aunque como *prātimokṣas* eran diferentes, no siempre eran diferentes con respecto a las reglas o preceptos actuales correspondientes.

En aquellas partes del mundo budista donde los preceptos, es decir, los *prātimokṣa*, fueron considerados como el factor común más elevado del budismo, en lugar de serlo el Tomar Refugio, el hecho de que los monjes cumplieran un mayor número de preceptos (sobre las monjas no se dice nada, ya que no eran numerosas ni influyentes), y los feligreses laicos varones y mujeres un número mucho menor, significa que se exageró hasta tal punto la diferencia entre monjes y laicos que prácticamente deterioró la unidad de la comunidad budista. Al comparar los distintos grupos de preceptos, sean los que fueren, desde los 227 hasta los 263 observados por el monje, a los cinco (en ocasiones ocho) adoptados por el laico, descubrimos que los preceptos que tienen en común poseen mucha más importancia que los preceptos que únicamente cumplen los monjes. En realidad, observamos que algunos de los preceptos que tan sólo cumplen los monjes no representan preceptos «adicionales» sino más bien: (a) una aplicación más completa de los preceptos cumplidos por los laicos, es decir, los preceptos que monjes y laicos tienen en común, o (b) una aplicación de los preceptos en determinadas condiciones específicas, en especial condiciones de la vida monástica cenobítica.

También comprobamos que algunos de los preceptos que sólo cumplen los monjes no tienen un significado ético auténtico, en algunos casos sólo hacen referencia a asuntos de naturaleza bastante trivial, y son manifiestamente producto de las condiciones sociales prevalecientes en tiempos de Buda o poco después. Desafortunadamente, es a esa clase de «preceptos» a los que demasiado a menudo se ha dado mayor importancia, a expensas de aquella parte del código de reglas *bhikṣu* de genuino carácter ético, es decir, a expensas de lo que denomino el *Mūla-prātimokṣa*, con el resultado de que en algunos países budistas la división entre monjes y laicos ha aumentado hasta tal punto que, en su sentido religioso y espiritual, parece justificado hablar de budistas de primera clase y budistas de segunda clase.

Si queremos que la comunidad budista conserve su unidad, es preciso (a) una inflexible afirmación de la primacía del acto de Tomar Refugio como acto fundamental budista, y (b) una drástica reducción de las reglas que comprenden los siete diferentes *prātimokṣas* a aquellos preceptos de genuino significado ético que tienen en común, junto con una tenaz insistencia sobre la necesidad de cumplirlos realmente. Si los diferentes *prātimokṣas* se «reducen» de este modo, lo que nos quedará será, en efecto, los Diez Preceptos, y ya que incluyen tres preceptos puramente «mentales» su alcance será mucho mayor que el de los siete *prātimokṣas* juntos.

Así pues, los Diez Preceptos constituyen el *Mūla-prātimokṣa* o lo que he denominado el «*Prātimokṣa* fundamental», a pesar de no ser un término tradicional —aunque podría haberlo sido— sino de mi propia cosecha. Son los Diez Preceptos en su calidad de diez importantes principios éticos los que, en realidad, todos los budistas practicantes —y, de hecho, no existe otro tipo— tienen en común. Una vez refinado el mineral en bruto del cumplimiento ético y seudoético del budismo popular, «monástico» o «laico», una vez se ha logrado extraerle adiciones y excrecencias, y limpio ya de cuerpos extraños, descubrimos que lo que nos queda no es otra cosa que el fulgurante diamante, el resplandeciente oro y el puro cristal de los Diez Preceptos, es decir, quedan los diez importantes principios éticos que, como prolongación del acto de Tomar Refugio en cada uno de los aspectos de nuestra existencia, gobiernan y transforman nuestra vida.

Ésta es la razón por la que la Orden Budista Occidental ha adoptado los Diez Preceptos con preferencia a cualquier otro grupo de preceptos tradicionales, aunque sean solamente mencionados en las escrituras budistas o bien transmitidos por las diversas escuelas budistas. Para la Orden Budista Occidental los Diez Preceptos, como *Mūla-prātimokṣa*, constituyen la disciplina que fortalece la «liberación» no sólo del monje y de la monja, sino de cada uno de los miembros de la comunidad independientemente de su estilo de vida.

Ya que sólo hay un grupo de preceptos, es decir, los Diez Preceptos, en lo que concierne a la Orden Budista Occidental tan sólo existe una «ordenación», la ordenación del dharmacari(ni), lo que significa que en la Orden Budista Occidental no se ordena al individuo como monje, o monja, o mujer en período de prueba, o varón novicio, o mujer novicia, o varón feligrés laico, o mujer feligresa laica, sino simple y exclusivamente como miembro practicante de la sangha o comunidad espiritual budista, aunque a cada uno le quede abierta la posibilidad de cumplir, como voto personal, cualquiera de las reglas que tradicionalmente cumplen los monjes o monjas. Estrictamente hablando, estas reglas no se cumplen «además» de los Diez Preceptos, sino que representan una más intensa práctica de uno o más preceptos en una determinada situación específica o con un particular propósito.

Como no es un *bhikṣu*, un miembro de la Orden Budista Occidental no lleva la prenda amarilla adosada del *bhikṣu*, y como tampoco es un *upāsaka*, no usa la prenda blanca propia del *upāsaka*. Su indumentaria es la del «laico» de la sociedad a que pertenezca, aunque sin implicar que al no ser monje deba ser forzosamente una persona laica, en el sentido budista tradicional.

Así pues, la reducción de las reglas que comprenden los siete diferentes *prāṭimokṣas* en los Diez Preceptos o *Mūla-prāṭimokṣa*, origina una reducción —o más bien un aumento— de los diferentes grupos sociorreligiosos de la comunidad budista en una gran comunidad espiritual o mahāsangha. Una reducción de este tipo representa un retorno y un renovado énfasis hacia las bases del budismo. Este hecho únicamente puede ser considerado como innovador si se observa desde un punto de vista desde el cual se ignoren estos fundamentos o no puedan vislumbrarse a causa de las adiciones y excrecencias que los cubre.

Como ya hemos visto al examinar las fuentes de los Diez Preceptos en el *Majjhima-Nikāya*, Sāriputta y Buda son representados en el *Sevitabba-asevitabba-sutta* exponiendo sucesivamente los Diez Preceptos ante una asamblea de *bhikṣus* o monjes, aunque con toda seguridad no eran «monjes» en el sentido cenobítico de tiempos posteriores. Entre los cincuenta suttas del *Aṅguttara-Nikāya*, otra fuente canónica de los Diez Preceptos, se encuentran tres suttas en los que se menciona que mujeres (*matugāmo*), mujeres feligresas laicas y mujeres feligresas laicas que viven en casa con (o sin) fe, prometen cumplir (o quebrantan) los Diez Preceptos.[15] Aquí se puede observar cómo personas de distintas clases sociorreligiosas tienen el compromiso común de cumplir los Diez Preceptos. Por otra parte, el *Sevitabba-asevitabba-sutta*, refiriéndose a todas las enseñanzas presentadas en el sutta, incluida la de los Diez Preceptos, concluye con Buda diciendo:

Sāriputta, y si todos los nobles, brahmanes, comerciantes y trabajadores pudieran comprender el significado completo de cuanto acabo de decir, la prosperidad y la felicidad morarían en ellos por largo tiempo.

Sāriputta, y si el mundo de los *devas*, Māras y Brahmas, y si las generaciones de ermitaños y brahmanes, *devas* y hombres pudieran comprender el significado completo de lo que acabo de decir, la prosperidad y la felicidad morarían en ellos por largo tiempo.[16]

Esto sugiere que los Diez Preceptos representan la norma de conducta ética no sólo para la totalidad de los budistas sino para todos los seres humanos; en realidad, para todas las formas de existencia sensible autoconsciente.

Por ello los Diez Preceptos, junto con las Tres Joyas o los Tres Refugios, constituyen la base más segura para la unidad entre budistas. Ha llegado el momento de que los budistas pongan más énfasis en lo que tienen de común y fundamental en vez de centrarse en lo distintivo y superficial, y a este respecto la Orden Budista Occidental ha dado, quizás, una pauta al resto del mundo budista. En los Diez Preceptos tenemos un grupo de principios éticos que son, a la vez, claros y completos. No tiene ningun sentido comprometerse a cumplir un gran número de preceptos cuando se sabe que, en realidad, no se van a cumplir algunos de ellos. Desafortunadamente, este proceder tan común en muchos ámbitos del mundo budista tiene unos efectos sumamente desmoralizantes y socava las bases de la vida ética y espiritual. En la Orden Budista Occidental los Diez Preceptos no sólo son considerados como *Mūla-prātimokṣa*, sino que se adquieren con la intención de cumplirlos cada vez con mayor perfección, como expresión de un compromiso todavía más profundo con las Tres Joyas.

7

LOS DIEZ PRECEPTOS Y OTRAS
FÓRMULAS ÉTICAS

Ya hemos hablado sobre los Diez Preceptos como *kuśala-dharmas*, que, como hemos visto, significan en realidad principios éticos, como *śikṣāpadas* o reglas de aprendizaje, y como vías o maneras de actuar con rectitud (o con honestidad), y también como *Mūla-prātimokṣa*, implícitamente para todos los budistas y explícitamente para los miembros de la Orden Budista Occidental. Ahora tan sólo queda relacionar los Diez Preceptos con algunas otras fórmulas éticas cuya presencia ha destacado de manera prominente tanto en la literatura como en la vida budista.

Naturalmente, una de las más importantes es la fórmula del Óctuple Sendero, con la que los Diez Preceptos pueden relacionarse por medio de la fórmula de los tres *skandhas* o «grupos» o, en realidad, con una u otra de las dos fórmulas que más equivalen a las tres *saṃpādas* o «realizaciones» y a los tres *śikṣās* o «aprendizajes», y también por medio de la fórmula de los tres modos de actuar con rectitud. Los tres grupos están constituidos por el noble grupo de *śīla* o ética, *samādhi* o concentración y meditación, y *prajñā* o sabiduría. Puesto que los siete primeros preceptos conciernen a la conducta del cuerpo y del habla, comprenden también el noble grupo de *śīla* o ética, y ya que en términos del Noble Óctuple Sendero la ética consiste en la correcta (o perfecta) Habla, Acción y Sustento, es evidente que los siete primeros preceptos corresponden al tercer, cuarto y quinto factor del Noble Óctuple Sendero. Del mismo modo, puesto que el octavo y noveno preceptos conciernen a aquella parte de la conducta mental que comprende el noble grupo de *samādhi* o concentración y meditación, y ya que en términos del Noble Óctuple Sendero la concentración y la meditación consisten en el correcto (o perfecto) Esfuerzo, Atención y Concentración, el octavo y noveno preceptos deben corresponder al sexto, séptimo y octavo factor del Noble Óctuple Sendero. Y finalmente, ya que el décimo precepto concierne a la parte de la conducta mental que comprende el noble grupo de la sabiduría, y ya que en términos del Noble Óctuple Sendero la sabiduría consiste en el correcto (o perfecto) Pensamiento y Comprensión (o Visión), el décimo precepto debe corresponder al primer y segundo factor del Noble Óctuple Sendero. Sin lugar a dudas, todo esto se entendería con más claridad con la ayuda de un esquema.

De todas maneras, puede observarse que aunque he hablado sobre los Diez Preceptos como principios éticos, en esta relación son sólo los siete primeros los que se afirma que están comprendidos en el noble grupo de *śīla* o ética. La contradicción es más aparente que real. El término ética se puede usar en dos sentidos, uno más amplio y otro más limitado. En su sentido más amplio, la ética es el arte o ciencia de la conducta y de la naturaleza humana que posee valor en relación a un estándar o ideal, y es en este sentido del término que los Diez Preceptos son principios éticos. Desde este punto de vista, la ética es más o menos idéntica a la religión en su aspecto más práctico. La ética en su sentido más limitado concierne a la conducta externa del cuerpo y del habla, y es en dicho sentido del término que se afirma que los siete primeros preceptos comprenden el noble grupo de la ética.

Además de relacionar los Diez Preceptos con algunas otras fórmulas éticas, es necesario distinguirlos de otras fórmulas de similar denominación. Una de éstas es la fórmula de los Diez Preceptos que el *śrāmaṇera* o monje novicio promete cumplir, una serie de reglas que además de los Cinco Preceptos («abstenerse de la conducta sexual incorrecta» en este contexto se ha reemplazado por «abstenerse de mantener relaciones sexuales»), comprende los preceptos de abstenerse de ingerir alimento a deshora, de canciones, bailes, música y espectáculos indecentes, del uso de guirnaldas de flores, perfumes, ungüentos y ornamentos, de servirse de camas y asientos lujosos, y de manipular oro y plata. Como fácilmente puede observarse, estos preceptos tienen un carácter muy diferente a los preceptos que forman parte de la segunda mitad del *Mūla-prātimokṣa*, ya que aunque puedan ser útiles e incluso necesarios para determinadas personas o en ciertas circunstancias, apenas son de fundamental importancia.

8

LOS DIEZ PRECEPTOS
Y EL ESTILO DE VIDA

La mayoría de los miembros de la orden recordarán sin duda el aforismo «el compromiso es primario, el estilo de vida, secundario». No se sabe con seguridad de dónde procede ni cómo fue introducido en el AOBO. Quizás fui yo mismo quien lo hizo, y, de ser así, habré de dar cuentas de ello, ya que a partir de entonces este aforismo parece haber sido causa inocente de una buena dosis de confusiones y malentendidos. En primer lugar, algunas veces se ha asumido que «secundario» significa «sin importancia», o incluso «irrelevante», con el resultado de que se ha interpretado como que siempre y cuando se adquiera el compromiso, es decir, el compromiso con las Tres Joyas, el estilo de vida a seguir es indiferente, y que en realidad, no hay un estilo de vida que sea intrínsecamente mejor —o peor— que cualquier otro, y que intentar justificarlo es signo de intolerancia. Sin embargo, lo más probable es que «secundario» no quiera decir «sin importancia», y que «el compromiso es primario, el estilo de vida secundario» signifique que el estilo de vida de un budista, o sea de alguien que ha adquirido un compromiso con las Tres Joyas, depende de, o tiene como consecuencia, o es una expresión, del hecho de estar comprometido, o en un lenguaje más tradicional, de Tomar Refugio.

Consultar en el diccionario la definición de la expresión «estilo de vida» quizá nos ayude a comprenderla mejor. Según el *Collins English Dictionary* (1979), estilo de vida significa «las actitudes particulares, creencias, hábitos o conducta asociados a un individuo o grupo». Puesto que tanto actitudes como creencias, hábitos y conducta pueden ser hábiles o inhábiles, de ello se deduce que el estilo de vida que en conjunto representan puede ser también hábil o inhábil. Por lo tanto, no todos los estilos de vida pueden ser la expresión de nuestro compromiso con las Tres Joyas. Lo mismo sucede con los Diez Preceptos y el estilo de vida. De igual modo que los Diez Preceptos constituyen una expresión del acto de Tomar Refugio, así nuestro estilo de vida es una expresión del cumplimiento de los Diez Preceptos. Por consiguiente, podría decirse que los Diez Preceptos son primarios y el estilo de vida secundario, aunque quizá sería mejor decir, para una mayor coherencia, que el compromiso es primario, el cumplimiento de los Diez Preceptos secundario y el estilo de vida terciario, lo que significaría que aunque los tres sean importantes, el segundo es importante como expresión del primero, y el tercero lo es como expresión del segundo. Por lo tanto, «estilo de vida» no representa un estilo de vida éticamente neutral que se pueda combinar, sin modificarlo, con la búsqueda de la Iluminación. Por esta razón nuestro estilo de vida es un tema abierto a las críticas, ya que como budistas no podemos rehusar discutir acerca de nuestras actitudes, creencias, hábitos o conducta contestando con indignación: «Oh, pues éste es mi estilo de vida», como si no se pudiera criticar o discutir sobre el asunto.

Una de las principales fuentes de confusión y malentendidos es, sin lugar a dudas, la palabra que ya he mencionado, «estilo». En el contexto de las artes visuales se puede hablar de estilo barroco y de estilo rococó, sin que ello signifique necesariamente que uno sea mejor que otro. Del mismo modo, en el contexto de la crítica literaria se puede hablar de estilo sencillo y estilo artificioso, y en el contexto de las publicaciones de diferentes editoriales, de sus peculiares estilos, sin que ello implique la superioridad absoluta de un estilo frente a otro. Pero se puede hablar en este sentido sobre el estilo de vida tan sólo hasta cierto punto. En otras palabras, hay muy pocos estilos de vida que tengan realmente un carácter neutral. Se puede hablar de un estilo de vida rural y de un estilo de vida urbano sin que ello implique necesariamente un juicio ético, pero difícilmente puede hablarse sobre la vida de un matarife o de una prostituta —si tomamos dos ejemplos extremos— sin que ello implique el emitir, como budistas, un firme juicio.

Con esta breve disertación sobre los Diez Preceptos y el estilo de vida —tema quizá, de menor interés que los siete precedentes— concluimos nuestra discusión sobre los Diez Preceptos en conjunto y, por lo tanto, con la primera parte de este escrito. Espero que la división de los Diez Preceptos en ocho temas haya contribuido a alcanzar una visión más completa sobre los Diez Pilares del budismo en su colectiva majestuosidad. En la segunda parte del escrito trataremos sobre los Diez Preceptos por separado. Confío en que ello nos ayude a apreciar el esplendor de cada uno de los pilares. De nuevo trataré de no perderme en detalles y me concentraré en el significado espiritual de los importantes principios implicados y en algunas de sus más prácticas consecuencias. Asimismo, intentaré realzar nuestra apreciación del esplendor y belleza de los Diez Preceptos, no tan sólo al explicar que uno de los pilares es de diamante, otro de oro, otro de cristal, etcétera, sino también para aclarar por qué un determinado pilar es asociado a una determinada piedra preciosa o metal precioso.

II

LOS DIEZ PRECEPTOS POR SEPARADO

1

PRIMER PRECEPTO

El principio de abstenerse de matar seres vivos, o amor

Cuanto más importante es un principio ético, tanto más probable es que, a causa de su obviedad, no se tenga en cuenta o no se cumpla. Así sucede con el principio al que ahora nos referimos. Claro que no se debe matar seres humanos, ni siquiera animales (aunque a menudo se hagan importantes excepciones cuando el ser humano pertenece a una raza, religión o nacionalidad distinta, o si se mata al animal como alimento o por deporte, o si resulta más valioso muerto que vivo). Claro que asesinar es incorrecto. El asesinato es un crimen, un pecado. Pero una vez reconocido como tal, la mayoría de la gente asume que, puesto que nunca ha matado personalmente a un ser vivo y no es probable que lo haga en un futuro, el asunto no le incumbe y no tienen por qué seguírselo planteando. Incluso los budistas tienden a pensar que, ya que cumplen con el Primer Precepto, no tienen por qué pensar en ello. Después de todo, existen otros aspectos del dharma mucho más interesantes, y una cosa tan obvia y simple como el Primer Precepto es mejor dejarla para la gente aburrida y poco inteligente, mientras ellos exploran los secretos del Tantra o los misterios del zen.

Pero lo cierto es que no se puede afrontar el Primer Precepto de este modo. El principio de abstenerse de matar seres vivos, o amor, en realidad, está enraizado profundamente tanto en la vida social como espiritual, y sus ramificaciones no sólo son muy extensas sino sumamente significativas. Dentro del contexto específicamente budista de los Diez Preceptos es la manifestación más directa e importante del acto espiritual y existencial de Tomar Refugio. Por otra parte, es un principio que encuentra expresión, de uno o otro modo, y en mayor o menor grado, no sólo en el Primer Precepto, sino también en los otros preceptos. Por esta razón merece que lo consideremos muy seriamente.

Empecemos considerando el significado preciso de «abstenerse de matar seres vivos» o, en relación a la formulación positiva de los preceptos, el significado preciso de «amor». (Si cada precepto es un pilar de diamante, oro, cristal, etcétera, quiere decir que las formulaciones negativas y positivas son el lado oscuro y luminoso del pilar, según cual sea su orientación solar.) Aunque el sentido literal de *atipāta* es «abatir», la palabra *pāṇātipāta* —por razones de conveniencia utilizaré las formas palis más simples y actuales— significa, en realidad, destruir la vida, dar muerte, matar, asesinar. Pero ¿por qué matar es incorrecto? Por supuesto que una explicación sería que como expresión de un estado mental basado en la codicia, el odio y la ignorancia (o por lo menos en dos de ellos), asesinar es un acto inhábil en el sentido que aporta sufrimiento a quien lo realiza y le impide alcanzar la Iluminación. Pero todavía podemos ir más lejos. Por regla general, matar un ser vivo representa infligirle el mayor de los sufrimientos o maldades, porque la vida es el bien más preciado que poseemos, así que el mayor sufrimiento o maldad que podemos experimentar es que nos priven de ella.

Por lo tanto, si se considera como una maldad, tan sólo podemos realizarla por medio de fuerza o violencia (*himsā*), lo que significa no sólo utilizar la fuerza física sino también cosas tales como chantaje emocional y engaño. En realidad, la violencia consiste en que nosotros le hacemos a otra persona, por cualquier medio, lo que no quiere que le hagamos. Puesto que lo último que quiere es que la privemos de la vida porque es su tesoro más preciado, matarla es infligirle la mayor violencia posible. Del mismo modo que nosotros no queremos que nos quiten la vida, a ella le sucede lo mismo, así que matarla no es únicamente la violencia llevada al extremo; es, al mismo tiempo, la negación absoluta de la solidaridad de un ser vivo, como ser vivo, respecto a otro y, en el caso de seres humanos, de la solidaridad de un ser humano, como ser humano, respecto a otro. Se dice que la no-violencia (*ahimsā*) es la regla más elevada de la religión (*paramam dharmam*), porque la violencia (*himsā*) es la regla más vil de la irreligión y —dejando aparte ciertos refinamientos introducidos por la pervertida imaginación de determinados monstruos de iniquidad— la forma más extrema que la conducta sin ética puede presentar. Sin duda alguna la violencia y la acción de matar van íntimamente unidas, ya que matar es la manifestación más extrema de la violencia y, en cierto sentido, su consecuencia lógica. Por consiguiente, el Primer Precepto a menudo se presenta en términos de abstenerse de la violencia, y puesto que matar en cualquier caso presupone violencia, y ya que (como hemos visto) la palabra pali *pāṇātipāta* significa destrucción de la vida, la mejor manera de presentar el precepto es como abstenerse de matar.

De ser así, el significado más profundo del Primer Precepto es el de que matar es incorrecto porque representa la forma más extrema de la negación de un ego por otro, o de la aserción de un ego a expensas de otro aunque, paradójicamente, la negación de otro ego es al mismo tiempo, y en principio, la negación del nuestro propio. Matar equivale a rechazar por completo la Regla de Oro, y sin la Regla de Oro no puede existir sociedad humana, cultura o vida espiritual. En su forma budista, la Regla de Oro halla expresión en dos conocidos versos del *Dhammapada*:

Todos (los seres vivos) sienten terror al castigo (*danda*); todos temen la muerte. Si nos comparásemos (con los demás) nunca mataríamos ni provocaríamos la muerte.

Todos (los seres vivos) sienten terror al castigo (*danda*); todos ellos quieren la vida. Si nos comparásemos (con los demás), nunca mataríamos ni provocaríamos la muerte.[17]

Aquí la Regla de Oro es presentada en su forma negativa: no debes hacer a los demás lo que no quisieras que los demás te hicieran. También puede exponerse de manera positiva: debes hacer a los demás lo que quisieras que los demás te hicieran. (George Bernard Shaw dice: «No hagas a los demás lo que quisieras que los demás te hicieran, quizá no tengan tu mismo gusto»; pero esto es tan sólo para llamar la atención sobre el hecho de que es el espíritu de la Regla de Oro y no la letra lo que importa.) Del mismo modo que abstenerse de matar representa la Regla de Oro en su forma negativa, la cultivación del amor representa la Regla de Oro en su forma positiva. Como Shelley dice con tanta delicadeza:

El gran secreto de la moral es amar; o trascender nuestra propia naturaleza e identificarnos con la belleza existente en un pensamiento, una acción o una persona, y no en nosotros mismos. Un hombre, para tener un gran corazón, debe imaginar de manera intensa y exhaustivamente; debe ponerse en el lugar de otro y de muchos otros; los sufrimientos y placeres de su especie deben convertirse en los suyos propios.

Ponerse en el lugar de otro equivale a lo que el *Dhammapada* dice sobre si uno mismo se «comparase» (con los demás). En el *Bodhicaryāvatāra* o «Entrada hacia el camino de la Iluminación», Śāntideva ofrece el mismo principio en la que posiblemente es su expresión más sublime en la literatura budista. Después de describir cómo al ponderar las excelencias de la soledad una persona apacigua los vanos pensamientos discursivos y refuerza su Intención o (Aspiración) de alcanzar la Iluminación (*bodhicitta*), continúa diciendo:

En primer lugar fomentará diligentemente el pensamiento de que todas las criaturas que le rodean son iguales a él. «Todas tienen los mismos sufrimientos, las mismas alegrías, y debo protegerlas como si de mí se trataran. El cuerpo, formado por diversas partes divididas en miembros, debe ser protegido como un todo, igual que este diverso universo, que tiene sus sufrimientos y alegrías en común. Aunque mi dolor no haga sufrir a otros cuerpos, a mí me produce un dolor insoportable por el amor que siento hacia mí mismo; y aunque no pueda sentir en mí el dolor de otro, a él le produce un dolor insoportable por el amor que siente hacia sí mismo. Debo destruir el dolor ajeno como si del mío propio se tratara, porque es dolor; debo mostrarme compasivo hacia los demás, puesto que son criaturas como yo... Así, a la vez que evitaré una mala reputación, estimularé mi espíritu de compasión y ternura hacia los demás.»

Al pensar siempre en nosotros como un «yo» surge el apego a gotas de simiente y sangre ajenas, aunque no existan en realidad. Entonces ¿por qué no debo considerar el cuerpo de mi semejante como si fuera el mío? Que mi cuerpo es ajeno a mí no es difícil de descubrir. Me consideraré como un pecador y a los demás como océanos de virtud; cesaré de vivir apegado al «yo», y consideraré las criaturas que me rodean como si fuera yo mismo. Amamos nuestras manos y otros miembros como partes del cuerpo; entonces, ¿por qué no amar a otros seres vivos como partes del universo? Por la fuerza de la costumbre el hombre piensa en su cuerpo, aunque sea de naturaleza ilusoria, como un «yo»; entonces, ¿por qué no considerar que su «yo» también reside en sus semejantes? Así, al ayudar a los demás, no albergaremos orgullo, admiración ni deseo de recompensa, ya que colmaremos nuestros propios deseos. Y, al mismo tiempo, tú mismo te protegerás del sufrimiento y del dolor; así pues, ejercita el espíritu de compasión y ternura hacia el mundo.[18]

Esto es lo que se conoce como la práctica de compararse con los demás (*parātmasamatā*) y de sustituirse uno mismo por los demás (*parātmaparivartana*). Blake expresa sucintamente el mismo principio al declarar: «El acto más sublime es considerar a otro antes que a ti mismo». De cualquier modo en que se describa, sea comparándose con los demás sustituyéndose por los demás, o de otra forma, el amor, la forma positiva del Primer Precepto, no es meramente un sentimiento endeble, sino la vigorosa expresión de identificarnos mentalmente con otros seres vivos. En realidad, «amor» es una palabra demasiado débil para ser la contraparte positiva de no matar o no violencia, e incluso de *maitri* (en pali, *mettā*), que tampoco es enteramente satisfactoria. Así como matar representa la absoluta negación del ser de otra persona, «amor», como debemos ineludiblemente llamarlo, representa su absoluta afirmación. Como tal, no se trata de amor erótico o familiar, ni siquiera de amistad. Si es amor en sí mismo, es un amor cálido, protector, sustentador, que produce en el ser espiritual de los demás el mismo efecto que la luz y la calidez del sol produce en sus cuerpos.

Este tipo de amor es, por supuesto, muy poco corriente. La violencia es mucho más común, aunque sólo de manera excepcional se manifieste en la acción de matar. En otras palabras, puede decirse que los seres humanos actúan con más frecuencia movidos por el poder que por el amor. Pero ¿qué es el poder? En este contexto «poder» significa simplemente la capacidad de utilizar la fuerza; violencia es el uso de esta capacidad de negar el ser de otra persona, ya sea total o parcialmente. Así pues, actuar movidos por el poder significa relacionarnos con otros seres humanos en términos de violencia, o de tal forma que se niegue su ser en lugar de afirmarlo. Actuar movidos por el amor es lo contrario. Puesto que cada ser vivo, incluido el ser humano, tiene capacidad para usar la fuerza, sea cual fuere su grado, cada ser vivo posee poder, en mayor o menor grado. El ser humano posee más poder, tanto material como mental, que los otros seres vivos, tanto en relación a su propia especie como a las otras especies.

Desde este punto de vista, cumplir con el Primer Precepto significa, como resultado de identificarnos mentalmente con los demás, que no sólo nos abstengamos de matar seres vivos sino que cada vez más actuemos por amor y menos por poder. De este modo se produce un cambio tan grande en nuestro interior que origina un cambio de nuestro centro de gravedad, por decirlo de alguna manera, y este cambio se manifiesta tanto en el cumplimiento del Primer Precepto como, en la medida en que la naturaleza de cada individuo le permita, en el cumplimiento de todos los Preceptos restantes.

Por supuesto, no es posible, ni para el más ferviente cumplidor del Primer Precepto, actuar, sin más, sólo por amor, evitando por completo actuar por poder. Sólo personas excepcionales logran hacerlo, y a veces les resulta imposible, o incluso desaconsejable, actuar de ese modo. Con relación a ello es necesario presentar dos principios: (a) Siempre que se deba actuar por poder, éste debe estar subordinado al sentimiento de amor. Un simple y cotidiano ejemplo de esta subordinación sería cuando un padre, movido por el amor que siente hacia su hijo, le prohíbe realizar algo que pueda perjudicarle. (b) En la comunidad espiritual es imposible actuar por poder, ya que la comunidad espiritual, por su propia naturaleza, es una asociación voluntaria de individuos libres, basada en el amor, que comparten determinadas metas comunes. Esto significa que si un miembro de la Orden no puede evitar relacionarse con otro miembro en términos de fuerza o violencia, se excluye a sí mismo de la comunidad espiritual y deja de pertenecer a ella. Por lo tanto, los actos de violencia entre miembros de la Orden son el inclumplimiento más grave contra la unidad y solidaridad de la Orden posible de imaginar, así como los mejores medios concebibles para fortalecer esta unidad y solidaridad son los pensamientos, palabras y actos de amor.

Aparte de actuar mediante el poder únicamente si éste está subordinado al amor, los miembros de la Orden deben hacer todo lo posible por cambiar esa actuación por la del amor de cuantas maneras estén a su alcance, hasta el extremo de aplicar «el principio de abstenerse de matar seres vivos» o «el principio del amor» al mayor número de áreas relacionadas con la vida que les sea posible, tanto individual como colectivamente. El cumplimiento del Primer Precepto conducirá, naturalmente, a convertirse en vegetariano, a rehusar abortar o ayudar y alentar a otros a realizarlo, a preocuparse por el medio ambiente y a oponerse no sólo a la producción y utilización de armas nucleares, sino también a la venta de todo tipo de armamento y a otras muchas cosas más.

Cumplir con el Primer Precepto no sólo consiste en hacer, o no hacer, un determinado número de cosas de este tipo. La no violencia o el amor es un principio, y como tal no pueden establecerse límites al sinfín de maneras en que puede ser aplicado. Nadie es tan torpe en su conducta que no pueda empeorar su práctica de la no violencia o del amor, ni nadie es tan hábil en su conducta que no pueda mejorar su práctica de la no violencia o del amor. En tanto que manifestación más directa de nuestro acto de Tomar Refugio, las potencialidades de la no violencia o del amor son infinitas.

En términos de la piedra preciosa de que está formado, el Primer Principio es un pilar de diamante. De diamante, porque es la piedra preciosa más valiosa de todas y puede cortarse en facetas para crear un brillante. Es también la sustancia de más dureza que se conoce, igual que el amor es «más fuerte» que el poder y es capaz de «vencerlo» en cualquiera de sus manifestaciones.

SEGUNDO PRECEPTO

El principio de abstenerse de tomar
lo que no nos pertenece, o generosidad

Del mismo modo que el Primer Precepto no significa simplemente no matar, aunque su forma negativa se presente en estos términos, el Segundo Precepto tampoco significa simplemente no robar; y en este caso su forma negativa lo pone en evidencia. *Adinnādāna veramaṇī* significa literalmente abstenerse (*veramaṇī*) de apoderarse de o coger (*ādāna*) lo que no nos ha sido dado (*adinna*). En otras palabras, significa no tomar o apropiarse de lo que otro no quiere darnos. Ya que la violencia consiste en hacer a otra persona lo que no quiere que le hagamos, tomar lo que no nos ha sido dado es una forma de violencia. No es una violencia cometida respecto a la persona de otro, como en el caso de una agresión física, sino respecto a su propiedad; aunque es discutible que la violencia con respecto a la propiedad sea indirectamente un acto de violencia con respecto a la persona, ya que una propiedad, por definición, pertenece a alguien, en este caso a otro, y es *su* propiedad. Esto, por supuesto, plantea el tema de ser propietario, sobre el cual enseguida hablaré.

Puesto que tomar lo que no se nos ha dado es una forma de violencia, todo lo que se ha dicho sobre la fuerza y la violencia en relación con el Primer Precepto —incluido lo afirmado sobre la Regla de Oro y sobre actuar por poder o por amor— puede utilizarse para el Segundo Precepto y aplicarse del mismo modo. Por esta razón no será necesario que nos extendamos en él tanto como hemos hecho en el Primero. Después de explicar la generosidad, forma positiva del Segundo Precepto, haré algunos comentarios sobre tres puntos que caben destacar en relación con su cumplimiento, y luego finalizaré exponiendo de manera breve el tema de ser propietario.

Walt Whitman proclama en «Canto a mí mismo», una de las primeras composiciones de *Hojas de hierba*:

Yo no doy conferencias o un poco de caridad,
cuando doy, me doy a mí mismo.

Estas líneas ilustran la diferencia entre amor, en el sentido del término utilizado en relación con el Primer Principio, y generosidad, en cuanto a la utilización de la palabra en relación con el Segundo. El amor se da a sí mismo, es decir, el amor es un darse uno mismo de persona a persona o, si se prefiere, una entrega («entrega» aquí significa el completo abandono de cualquier ventaja derivada del poder). Generosidad es dar algo que nos pertenece y es una expresión de amor. En realidad, cuando el amor existe en toda su plenitud no hay lugar para la generosidad, porque el amor es, en última instancia, incompatible con el sentido de ser propietario de algo y, por consiguiente, con la propiedad, y no razona en términos de generosidad sino en términos de ser «propietario» común o compartir.

Shakespeare nos ha expresado de forma inigualable las implicaciones paradójicas de esta mutua «generosidad» en uno de sus poemas. (Cuando me puse manos a la obra en la preparación de este escrito, no sabía que citaría tanto a los poetas, o que éstos tendrían tanto que decir a propósito de la ética.) Al hablar del amor entre el Fénix y la Tórtola, nos asegura:

> Resplandecía de tal manera el amor
> entre los dos, que la Tórtola veía fulgurar
> sus derechos en los ojos del Fénix.
> Cada uno era el alma del otro.

> El contraste era tan absurdo, que lo
> propio no era lo mismo. El doble nombre
> de su sola naturaleza, ni doble ni
> único podía llamarse.

> La razón, confundida en sí misma, veía
> enlace en la divisibilidad, la absorción
> del uno en el otro, lo simple y lo
> compuesto a la vez.

Los Diez Preceptos por separado

> Y exclamaba: «¡Que dúo verdadero
> parece este solo canto!». La razón del
> amor es que carece de razón, si así
> puede unirse lo separado.*

Para el budismo la cuestión no estriba exactamente en «¡Que dúo verdadero...!», sino en que toda la comunidad espiritual lo sea. En última instancia, en el caso del bodhisattva, la generosidad alcanza tal punto, que el sujeto que da, el objeto dado y el sujeto que lo recibe cesan de ser diferenciables. Es este tipo de generosidad la que constituye la forma positiva del Segundo Precepto, así como la verdadera contraparte, en el contexto de las aludidas relaciones de propiedad, de la forma positiva del Primer Precepto, es decir, del amor.

Los tres puntos que surgen en relación al cumplimiento del Segundo Precepto conciernen a las maneras de apropiarse de lo que no nos ha sido dado, no mencionadas de manera específica en la tradición budista, al agradecimiento y al estar en deuda con alguien.

Ya que el Segundo Precepto, como los demás, es primordialmente un principio ético, se deduce que no debemos limitarnos a la aplicación del principio solamente en la forma mencionada en las escrituras budistas. Conformarnos con ello sería caer en el formalismo ético, y,

* William Shakespeare, *Obras Completas*. Ed. Aguilar. Traducido por Luis Astrana Marín *(N. de la T.)*.

por regla general, el formalismo ético o seudoético es uno de los mayores enemigos del budismo y de la vida espiritual.

Entre las diversas maneras de tomar lo que no nos ha sido dado que no se mencionan, que yo sepa, en la tradición budista (al menos en el sentido de abstenerse de hacerlo en relación al Segundo Precepto) están las de apropiarse del tiempo o de la energía de otra persona en contra de su voluntad. Nos apropiamos del tiempo de otra persona cuando le imponemos nuestra presencia, aunque tenga trabajo, o cuando la forzamos a escucharnos sin que sienta deseos de hacerlo. Esta forma de *adinnādāna* o de tomar o apropiarnos de lo que no nos ha sido dado es muy común en la sociedad moderna (y no del todo desconocida en la sociedad antigua, si damos crédito a Horacio). Los budistas deben hacer lo posible por evitarlo, tanto dentro como fuera de la comunidad espiritual.

Tomar la energía o la vitalidad de otra persona en contra de su voluntad guarda estrecha relación con utilizar su tiempo, que es aún más pernicioso. En este caso imponemos nuestra presencia a otro hasta el extremo de obligarle a escuchar nuestras quejas, peticiones o invectivas durante tanto tiempo que, finalmente, acaba reducido a un estado de postración, agotamiento nervioso o incluso sufre un colapso nervioso. Tras consumir la energía de este modo, puede que alguna vez le oigamos comentarle a su víctima o a un tercero: «Realmente he disfrutado con nuestra pequeña charla». Los vampiros humanos de este tipo no siempre son conscientes del daño que infligen y, si son budistas, de que están incumpliendo el Segundo Precepto, y probablemente también el Primero.

Esto no quiere decir que no debamos hacer uso del tiempo y de la energía de otra persona, o incluso agotarla, si realmente lo necesitamos y si el otro voluntariamente quiere hacerlo hasta dicho extremo, lo cual nos lleva al tema de la gratitud.

Cuando recibimos algo que necesitamos, y en especial cuando el que nos lo da no espera nada a cambio y lo hace voluntariamente, la respuesta humana más natural es sentirse agradecido. Si no experimentamos este sentimiento es que algo no funciona. Puede ser que lo que deseemos no sea pertinente o incluso sea una necesidad neurótica, y, por lo tanto, no se pueda llegar a satisfacer (y uno difícilmente puede sentir gratitud por algo que no ha experimentado), o también puede significar que nuestra actitud aprovechada y codiciosa no tenga en cuenta si la otra persona quiere darnos lo que necesitamos o no. La verdadera gratitud sólo puede experimentarse cuando recibimos de otra persona aquello que genuinamente necesitamos y que quiera darnos voluntariamente. La gratitud, por consiguiente, sólo puede ser experimentada por gente madura e integrada, es decir, sólo por auténticas personas, y éstas no sólo sienten gratitud, sino que también la expresan. Quizá sea significativo el hecho de que en la Orden Budista Occidental y en los Amigos de la Orden Budista Occidental las expresiones de agradecimiento cada vez son más comunes en los recientes años. Esto significa, en realidad, una evolución sumamente positiva. Hace poco más de un año apenas se oían expresiones de agradecimiento. Ahora, me satisface decirlo, pueden escucharse expresiones de gratitud, si no cada día, al menos dos o tres veces por semana.

La relación entre estar en deuda con alguien y el Segundo Precepto no siempre es fácil de apreciar. Negarnos deliberadamente a devolver el dinero que, por ejemplo, debemos a otra persona —dinero que quiere que le devolvamos y quizá necesite— es ser culpable de tomar lo que no se nos ha dado y, por consiguiente, de violencia. Significa también que mientras no paguemos nuestra deuda no podemos, en realidad, dar *dāna*, o sea, no podemos practicar la generosidad, ya que para alguien que se precie de *dāna*, significará que Pedro ha robado para dar a Pablo, y si éste es consciente de la situación, recibiría prácticamente un bien robado. La deuda, en este contexto, no incluye por supuesto el deber un préstamo al banco que tengamos que devolver en una determinada fecha, y por el que, mientras, estamos pagando un interés. Pero, sin lugar a dudas, incluye el estar en deuda con amigos y parientes, ya sea respecto a dinero, bienes o servicios, como asimismo las deudas a comerciantes, asesores y al Estado. Ésta es la razón por la que a los futuros miembros de la Orden se les pide, antes de ordenarse, que paguen todas sus deudas, ya que de no ser así se contaminaría gravemente desde un principio el cumplimiento de al menos uno de los preceptos asumidos en el momento de su ordenación.

Dentro de la propia Orden, es decir, entre los miembros de la Orden, ya sea individual o «colectivamente», apropiarse de lo que no les pertenece está fuera de cuestión, y, por lo tanto, también tener deudas en el sentido ordinario de la palabra, ya que aunque sus miembros no posean su propiedad en común, es ampliamente aceptado dentro de la comunidad espiritual el ideal de la propiedad en común. En cualquier caso, en virtud del cumplimiento del Segundo Precepto, todos los miembros de la Orden están profundamente imbuidos del principio de generosidad o del compartir, y hacen todo lo posible por practicarlo en sus relaciones entre ellos.

Esto nos conduce a la cuestión de ser propietario en general. Según Proudhon «la propiedad es un hurto», pero esto no nos sirve de gran ayuda. Si la propiedad es un hurto no hay nadie que no sea ladrón, ya que no hay nadie que a la edad establecida por la ley no posea una propiedad, y la cuestión de ser propietario —sea de una propiedad común o de otro tipo— puede difícilmente ser discutida por una comunidad de ladrones. Será mejor que empecemos de nuevo por el principio. No cabe duda de que la propiedad se distribuye de manera no equitativa, en el sentido que no se distribuye de acuerdo a las genuinas necesidades de la gente, pero ¿qué podemos hacer? Un budista debe hallar la respuesta en la operación combinada entre poder y amor, y, por supuesto, el poder siempre irá subordinado al amor. En un país democrático, una distribución más equitativa de la propiedad o de la riqueza puede conseguirse mediante la legislación, lo que en realidad significa la expropiación forzosa de la minoría por la mayoría, y también fomentando una comprensión más profunda y una práctica más efectiva, a la mayor escala posible, del principio de generosidad o de compartir. Y por último, como casi no necesito recordaros, es en particular responsabilidad de un organismo como la Orden Budista Occidental. Ya no me es posible añadir nada más en esta ocasión. El tema de ser propietario es muy extenso, pero seguro que no tomaremos el camino equivocado si nos adherimos, y animamos a otros a hacerlo, al principio de la generosidad o del compartir.

Siendo el oro el metal precioso por excelencia y un medio común de intercambio comercial, el Segundo Precepto es un pilar de oro. «El amarillo, refulgente oro», como le denomina Shakespeare, es el más maleable y dúctil de los metales y, por lo tanto, el que mejor representa la generosidad, forma positiva del Segundo Precepto, puesto que simboliza su infinita adaptabilidad a las necesidades de los seres vivos. El oro se muestra inalterable a los efectos del calor, de la humedad y de la mayor parte de agentes corrosivos. Del mismo modo, la generosidad no se deja afectar por las condiciones bajo las que ha que actuar, o por cosas tales como la ingratitud de quien la recibe.

TERCER PRECEPTO

*El principio de abstenerse de la conducta sexual
incorrecta, o contento*

Nos será de ayuda para comprender el Tercer Precepto,
en especial en su forma positiva de contento, si podemos
observarlo dentro del contexto de la tradicional cosmología budista. Esta cosmología nos revela lo que puede
describirse como un universo de tres niveles. La existencia mundana está dividida en tres capas horizontales, la
segunda más elevada que la primera, en el sentido de que
es más refinada, positiva, gozosa y luminosa, y la tercera
más elevada que la segunda. Estas tres «capas» son los
planos, mundos o esferas —la terminología varía— del
deseo sensorial (*kāma*), de la forma arquetípica (*rūpa*), y
de la no forma arquetípica (*arūpa*). El plano del deseo
sensorial comprende (en orden ascendente) el infierno, el
mundo de los espíritus ávidos, el mundo de los *asuras* o
titanes, el mundo animal, el mundo humano y el mundo
de los dioses (inferiores), que abarca desde los cuatro
grandes reyes (o dioses de las cuatro direcciones del es-

pacio, como también se les denomina) hasta los dioses que controlan las creaciones de otros. El plano de la forma arquetípica comprende en total dieciséis subplanos, desde el cielo de los dioses perteneciente al grupo de Brahmā hasta las cinco «Moradas Puras» incluidas, las cuales están habitadas por «Los Que No Regresan», o sea, los grandes seres espirituales que han desarrollado una visión trascendental de tal magnitud que consiguen romper las cinco cadenas que les atan al plano del deseo sensorial, y ya no vuelven a renacer en él. El tercer plano, el plano de la no-forma arquetípica, comprende cuatro subplanos, todos ellos habitados por Brahmās, una clase de seres espirituales superiores incluso a los dioses (aunque a veces se los llame de ese modo).

Se podría hablar muy extensamente sobre estos tres niveles de existencia condicionada. Por el momento, tan sólo nos concierne el hecho de que en los planos de la forma arquetípica no existe el dimorfismo sexual, es decir, no existe separación entre varón y hembra; los habitantes de dichos planos son lo que podríamos llamar desde un punto de vista humano andróginos. El dimorfismo sexual o separación entre varón y hembra se halla únicamente en el plano del deseo sensorial, en el que, por supuesto, se incluye el mundo humano. Ya que la vida espiritual consiste, en términos objetivos o cosmológicos, en una progresión de planos y mundos inferiores hacia los más elevados, la vida espiritual también consiste en una progresión de un estado de dimorfismo sexual biológico y psicológico hacia un estado de androginia espiritual. Por otra parte, puesto que un estado de dimorfismo sexual es un estado de polarización, tensión y proyección, también es un estado de insatisfacción. El estado de androginia espiritual, por el contrario, es un estado de armonía, relajación y contento. Así pues, el cumplimiento del Tercer Precepto no consiste simplemente en abstenerse de las diversas y conocidas formas de conducta sexual incorrecta, sino también, y con mayor importancia, en la experiencia de contento, que es la «vertical», distinta de la contrapartida «horizontal» de tal abstención.

En la meditación, el estado de dimorfismo sexual es trascendido. Uno cesa, por el momento, de ser varón o hembra. Esto ocurre porque en la meditación, en el sentido de *samathābhāvanā* o «acrecentamiento de la calma», se progresa a través de *dhyānas* o estados de conciencia más elevados, como también pueden denominarse, y estos estados son las contrapartidas subjetivas y psicológicas de los diferentes subplanos de los planos de la forma arquetípica y de la no-forma arquetípica. Cuando se medita, en el sentido de experimentar realmente las *dhyānas*, se es, por tanto, un deva o Brahmā. En términos de la tradición espiritual occidental, se es un ángel y se vive una vida angelical; los ángeles, naturalmente, son andróginos por naturaleza. No es por pura casualidad del lenguaje que la palabra sánscrita de lo que nosotros llamamos celibato o, más correctamente, castidad, sea *brahmacarya* (en pali, *brahmacariya*), que literalmente signifi-

97

ca llegar tan lejos, practicar o vivir como Brahmā, es decir, no meramente absteniéndose de la actividad sexual sino trascendiendo el dimorfismo sexual en el cual se basan la actividad y el deseo sexual.

Ésta es la razón por la que Vajraloka, nuestro centro de meditación y retiro situado al norte de Gales, está consagrado no sólo a la meditación (*dhyāna*), sino también al celibato (*brahmacarya*). Meditación y celibato van unidos: se refuerzan mutuamente. Por el mismo motivo alentamos las situaciones de cualquier tipo en las que se viva sin pareja. Ello no es simplemente a fin de reducir las oportunidades de mantener una conducta sexual incorrecta, sino también, desde un punto de vista constructivo, para ofrecer tanto a hombres como mujeres un respiro de las tensiones de la polarización sexual y proporcionarles una oportunidad de trascender, durante algunos momentos, el estado de polarización sexual para que puedan ser simplemente un ser humano y, hasta cierto punto, un verdadero individuo. Para quienes quieran desarrollarse como individuos y progresar en el camino de la Iluminación, la meditación y todo tipo de situaciones en las que la persona viva sin pareja son, mientras no alcancemos la visión trascendental, absolutamente indispensables.

Todo esto conduce a descubrir que no es suficiente con abstenerse de mantener una conducta sexual incorrecta, o con experimentar contento, sino que además no se debe pensar en uno mismo como hombre o mujer en cualquier sentido absoluto o exclusivo. Después de todo, según las enseñanzas tradicionales budistas, en el transcurso de nuestras infinitas reencarnaciones hemos sido hombre y mujer en muchas ocasiones. Incluso, quizás hayamos sido un dios, un ser andrógino. Bajo esta perspectiva parecería ridículo pensar y sentir que, sólo porque seamos un hombre o una mujer en esta vida, lo seguiremos siendo para siempre, durante toda la eternidad, amén.

Se debe llegar hasta el extremo de dejar de pensar en sí mismo como un hombre o una mujer en un sentido absoluto y exclusivo, hasta el punto de dejar de hablar y de actuar como un hombre y nada más que como un hombre o como una mujer y nada más que como una mujer, es decir, dejaremos de comportarnos de esta manera sexual ultrapolarizada que el budismo ilustra por medio de la figura del varón o hembra *asuras*. Los varones *asuras* son feroces, agresivos y muy feos, guardan gran parecido con los ogros del *Señor de los Anillos*. Las hembras *asuras* son voluptuosas, seductoras y muy bellas, y se comen a cualquier varón humano que tenga la desgracia de caer en sus garras. No se dice lo que el varón *asura* hace con las mujeres humanas, aunque no es difícil de imaginar. Los miembros de la Orden Budista Occidental no desean parecerse a *asuras* de ningún sexo.

Esto no significa que las diferencias sexuales puedan simplemente «eliminarse o ignorarse», o que sea posible pretender que no existen. Una débil e incolora unisexualidad que meramente desea negar las diferencias sexuales en su propio nivel, no se puede confundir con el ideal de la androginia espiritual. Un castrado no es un ángel, a pesar de ciertas representaciones de ángeles en el arte cristiano. Aquí, como en todas partes, lo que hace falta en la vida espiritual no es negar sino transformar, no evadirse sino progresar. En lo que concierne al Tercer Precepto, especialmente en su formulación positiva de contento, esta progresión comprende desde una identificación absoluta con nuestro sexo psicofísico a una identificación relativa y provisional, y desde una identificación relativa y provisional a no identificarnos en absoluto. Si podemos comprender esto, con o sin la ayuda de la tradicional cosmología budista, podremos entender el Tercer Precepto más profundamente, y al entenderlo mejor, podremos cumplirlo con mayor confianza. Tanto la teoría como la práctica estarán más claras.

Estarán tan claras como el cristal, ya que el Tercer Precepto es un pilar de cristal. De cristal, porque éste es puro, transparente y brillante, y puede ser a la vez incoloro o de un ligero matiz rosado o azulado.

CUARTO PRECEPTO

*El principio de abstenerse de hablar
con falsedad, o veracidad*

Antes de tratar de este precepto me gustaría hacer algunos comentarios generales acerca de los cuatro preceptos relacionados con el habla. Lo primero que nos llama la atención es que sean cuatro. Aun cuando el habla es una «puerta» o «vía», y como tal posee la misma importancia que el cuerpo y la mente, sería más lógico pensar que deban existir cuatro preceptos distintos para cuatro diferentes maneras de matar, o cuatro preceptos distintos para las numerosas maneras de tomar lo que no nos ha sido dado. Obviamente, el habla es de gran importancia. Como principal vehículo de comunicación entre las personas juega un papel social en el desarrollo humano, ya que es el medio principal de este sistema de expresión que denominamos lenguaje, característica que distingue al hombre de otros animales.

Para el budismo el habla es importante porque ocupa una posición intermedia entre cuerpo y mente, o entre acción y pensamiento, aunque no es tan material como el uno ni tan sutil como la otra. Es por ocupar esta posición intermedia que tiene tanta importancia controlar el habla, y también que resulta tan difícil el hacerlo. Es tan importante controlarla porque, en cierto modo, constituye una forma de acción, o sea, una forma de manifestarla, y como tal, toma su lugar en el mundo externo y acarrea consecuencias, tanto para uno mismo como para los demás. Como dice el *Dhammapada* en relación a una forma en particular de habla inhábil:

No hables a nadie con rudeza: aquellos a quienes de ese modo te dirijas contestarán a su vez. (Ya que) escuchar frases llenas de enojo es sumamente doloroso (de soportar), experimentarás tu propio castigo.[19]

El habla es difícil de controlar porque en cierto modo no es sólo pensamiento, pero es tan cercana al pensamiento (después de todo el habla no es más que pensamientos vocalizados) que, a menudo, al que habla le resulta difícil darse cuenta de que aquello que dice es capaz de producir efectos tangibles en el mundo exterior, y que, por lo tanto, debe controlar sus palabras. No cabe duda de que ésta es la razón por la que en la fórmula de los Diez Preceptos cuatro de ellos están relacionados con el habla, mientras que en la fórmula del Noble Óctuple Sendero tan sólo uno de los ocho factores concierne al habla (aunque éste esté, por supuesto, dividido en cuatro).

La tradición budista también hace hincapié en que el habla puede controlarse prestando una especial atención a lo que sale por la correspondiente «puerta», y también guardando períodos de absoluto silencio de cuando en cuando. (En el budismo no se permiten votos de perpetuo silencio, ya que obstaculiza la propagación del dharma.)

En la mayoría de la gente el fluir de la palabra es tan constante e ininterrumpido, y está tan influenciado por factores mentales de ofuscación, muchos de ellos inconscientes, que les es muy fácil infringir gran número de veces al día, cada día de la semana, los cuatro preceptos relacionados con el habla. Por consiguiente, cualquier budista ha de ser especialmente cuidadoso con ella.

«Abstenerse de hablar con falsedad» se puede practicar simplemente dejando de hablar, sin necesidad de practicar la «veracidad». Pero no es suficiente con abstenerse de hablar con falsedad. Del mismo modo que los otros preceptos, el Cuarto Precepto se debe cumplir tanto en su forma positiva como negativa. Al decir que el habla es importante porque constituye el principal vehículo de comunicación entre las personas, en realidad sólo nos estamos refiriendo a hablar con veracidad.

Hablar con falsedad no puede ser un vehículo de comunicación, y en cualquier sociedad humana donde esta manera de hablar predomine fracasará la comunicación. Sin veracidad no puede existir civilización ni cultura; en realidad, sin ella no puede existir ni vida espiritual ni comunidad espiritual. Sin veracidad la sociedad en sí misma no puede existir, por consiguiente, quien habla con falsedad al hacerlo socava las bases de la sociedad. Un mentiroso es un elemento antisocial, especialmente ante un tribunal de justicia.

Ésta es la causa por la que mentir ante un tribunal de justicia cuando hemos sido llamados para que digamos la verdad, es para el budismo la forma paradigmática de hablar con falsedad, del mismo modo que decir la verdad en dichas circunstancias es la forma paradigmática de la veracidad, como hemos podido ver en el caso de Buda cuando enseñaba a Cunda el platero la triple purificación. Atestiguar con falsedad es una ofensa terrible porque hace imposible la labor de administrar la justicia, y si ésta no puede ser administrada la sociedad cesa de ser un orden moral, el uso de la rectitud se ve reemplazado por el uso del poder.

Atestiguar con falsedad no es la única forma de mentir que socava las bases de la sociedad. La «Newspeak» de George Orwell en *1984* —de hecho, cualquier tipo de jerga poco sincera— puede tener el mismo efecto devastador. Cuando a Confucio le preguntaron qué es lo que haría primero si le confiaran la administración de un Estado, contestó: «La rectificación de los términos».[20] En una vena similar, lo que Nietzsche apreciaba más de Zaratustra (es decir del real Zaratustra, no del producto de su propia imaginación filosófico-poética) era que su enseñanza defendía la veracidad como virtud suprema: «Decir la verdad y disparar bien las flechas: ésta es la virtud persa»,[21] nos dice, como si ambas cosas comprendieran tanto la ley como a los profetas. El *Dhammapada* dice aproximadamente lo mismo, aunque en términos más negativos que positivos al declarar:

No hay maldad que no pueda cometer un mentiroso que ha transgredido un precepto y que desprecia el mundo del más allá.[22]

Esto quiere decir que una persona mentirosa, al no admitir la existencia de un mundo superior de valores morales y espirituales, es capaz de quebrantar cualquier otro precepto.

Una de las más simples e importantes formas de abstenerse de hablar con falsedad y de cultivar la veracidad es la de la exactitud objetiva. Consiste en decir lo que uno ha visto, por ejemplo, u oído, describiendo, con escrupulosa fidelidad, los hechos tal como han sucedido, sin añadir u omitir nada, o exagerar o minimizar nada, y sin olvidar contar todas las circunstancias relevantes. El cumplimiento del Cuarto Precepto, incluso sólo en este sentido, es sumamente difícil, y no cabe duda de que tenemos que aprender a ser objetivamente exactos, y todavía con más rigor si tenemos la esperanza de cumplir este precepto en sus fomas más sutiles, refinadas y avanzadas. En numerosas ocasiones me ha sorprendido y consternado la manera tan poco cuidadosa en que la gente, e incluso aquellas personas que tenían razones para pensar que serían más escrupulosas al respecto, han transmitido mis observaciones o comunicado mis mensajes verbales.

Una falta de atención de este tipo no sólo puede ser el origen de incertidumbre y confusión general, sino también de un grave malentendido entre una persona y otra. Transmitir con exactitud lo que otra persona ha dicho, no debería costar tanto esfuerzo y debería hacerse sin menoscabar el espíritu o la letra del mensaje, ya que, de no ser así, un incumplimiento del Cuarto Precepto posiblemente se convertirá también en un incumplimiento del Séptimo.

Hay muchos otros puntos que pueden relacionarse con el Cuarto Precepto, pero la mayoría los he mencionado ya en otras ocasiones. Antes de deciros de qué metal o piedra preciosos está hecho el Cuarto Pilar, me gustaría llamar la atención sobre un punto que no he mencionado con anterioridad. Aunque no concierne al cumplimiento del Cuarto Precepto, es de gran importancia.

Cuando decimos la verdad esperamos, naturalmente, que nos crean, ya que de otro modo no existiría comunicación. Del mismo modo debemos creer a los demás cuando dicen la verdad. Aunque lo peor de todo sea matar a una persona, quizá a esto le siga —y éste es el punto que quiero subrayar— el de no creerla cuando dice la verdad. No creerla niega su identidad como ser social y deteriora la solidaridad humana. No darle crédito es, de hecho, un acto de violencia.

Por consiguiente, no es suficiente con decir la verdad: debemos creer a los demás cuando la dicen, en especial si sucede en la comunidad espiritual. Esto significa que debemos desarrollar la suficiente atención y sensibilidad como para saber si una persona está diciendo realmente la verdad, ya que, de lo contrario, podemos involuntariamente perjudicarla.

El Cuarto Precepto es un pilar de perla, si es que podemos imaginar tal cosa. De perla, porque para encontrar las perlas debemos sumergirnos en las profundidades del océano. De modo similar, uno ha de sumergirse profundamente para descubrir la verdad, incluso en el sentido objetivo más obvio, y hasta que no se ha descubierto, apenas puede hablarse sobre ella.

QUINTO PRECEPTO

*El principio de abstenerse de hablar con rudeza,
o hablar con afabilidad*

La mayoría de lo que se ha dicho en relación al significado más profundo de los cuatro anteriores preceptos, en especial del último, puede aplicarse, *mutatis mutandis*, a los tres restantes preceptos relacionados con el habla. No será necesario extendernos en ellos como hemos hecho con el Cuarto. Me limitaré a referir algunos puntos que, aunque de menor importancia que los temas tratados, en la práctica no dejan de tenerla.

Con respecto a la forma negativa del Quinto Precepto, es necesario abstenerse no sólo de hablar con rudeza en sus más ordinarias y obvias manifestaciones, sino también de toda clase de lenguaje grosero, indecente y obsceno. Este lenguaje se ha hecho sumamente común en las recientes décadas, el uso de una palabra de cinco letras en particular se considera como un signo de fuerte masculinidad, o de estar libre de convencionalismos o de integridad artística, en lugar de lo que realmente es, un signo de inmadurez emocional, de imaginación empobrecida y falta de vocabulario. En lo que a mí respecta, creo que, a excepción de dos o tres ocasiones en que he citado comentarios de otras personas, nunca he dicho palabrotas en toda mi vida. Incluso de niño los escasos y suaves improperios que oí decir dentro del círculo familiar me dolían y desagradaban, y ya desde pequeño me di cuenta de que me era prácticamente imposible usar aquel tipo de lenguaje. El lenguaje grosero, indecente y obsceno, incluso ya entonces, me parecía una expresión de estados muy negativos que corrompían la atmósfera, en el verdadero sentido de la expresión.

Quizá deba aclarar que también considero lenguaje de este tipo toda clase de expresiones desagradables y ofensivas en las que la mujer se ve reducida, en boca de algunos hombres, al más bajo y común denominador sexual. Expresiones de dicha índole son una forma de hablar con rudeza, y confío en que ningún budista las pronuncie, como tampoco otras equivalentes igualmente feas.

Así como hablar con rudeza corrompe la atmósfera, las palabras afables, la contrapartida positiva de abstenerse de hablar con rudeza, la purifica y vigoriza. Las palabras afables son como los cálidos rayos a la salida del sol que hacen que las hojas se extiendan y se abran las flores. A menudo la gente no es consciente del efecto tan positivo que pueden producir tan sólo unas cuantas palabras afables. Debemos pronunciar habitualmente palabras afables o afectuosas, y no limitarnos tan sólo a usarlas en situaciones de emergencia, en ocasiones especiales, o reservarlas a determinadas personas.

Una de las principales formas de utilizar palabras afables es la que en el budismo se conoce como «El Gozo en los Méritos», y me satisface decir que en el AOBO esta expresión en concreto, emocionalmente positiva, es cada vez más corriente en los recientes años. Entre las formas subordinadas de las palabras afables se hallan las palabras dulces, corteses e incluso educadas, que aunque de menor importancia, no son tan insignificantes como para no tenerlas en cuenta. Éstas ayudan, ya sea dentro o fuera del AOBO, a crear una atmósfera positiva que favorece el desarrollo del compañerismo espiritual y da relevancia a la vida interior.

El Quinto Precepto es un pilar de ámbar, que no es una piedra o metal precioso sino una sustancia orgánica translúcida que adquiere una textura muy fina. El ámbar posee una tonalidad rojizo-amarillenta intensa y cálida, de color de miel, y una especie de ardiente destello en su interior. Además, al frotarlo se electriza y es capaz de atraer otros cuerpos.

SEXTO PRECEPTO

*El principio de abstenerse de hablar de banalidades,
o hablar de cosas significativas*

En un pasaje que aparece en más de una ocasión en las
escrituras pali, Buda enumera treinta y dos clases de conversaciones frívolas, superficiales, inútiles o banales en la
que sus discípulos no deben caer. Dos mil quinientos
años más tarde existen al menos —gracias a la radio, la
televisión y la prensa—, treinta y dos mil clases, y es más
importante que nunca tener en cuenta el principio que
incluye listas de este tipo, o sea, el principio de abstener
se de hablar de banalidades o, en términos de su formulación positiva, de hablar de cosas significativas.

Sólo podemos decir cosas significativas si llevamos
una vida significativa, y la vida sólo puede ser significativa
si tenemos un propósito y una meta definidos. Para un
budista esta meta es la Iluminación, lo cual significa que
para un budista hablar de cosas significativas es hablar sobre dharma, ya que el dharma es el medio que nos conduce a la Iluminación, y a su vez «dharma» es la manera co-

lectiva de designar todas aquellas doctrinas y métodos, revelaciones y observancias que de hecho nos ayudan a dirigirnos hacia lo Trascendental. Dharma es todo aquello que nos ayuda a desarrollarnos como individuos, aunque no de modo individualista, puesto que el desarrollo de un verdadero individuo está vinculado a preocuparse por los demás y por uno mismo.

Sin embargo, hablar de cosas significativas no quiere decir hablar sobre dharma en un sentido meramente formal, ni mucho menos todavía una «conversación piadosa» (como más de un eminente traductor ha traducido la palabra pali *dhamma-kathā*), sino hablar sobre los medios que nos conducen a la Iluminación, o sobre todo aquello que nos ayude a desarrollarnos como individuos. Incluso puede decirse más. Hablar de forma significativa es en sí mismo un medio que conduce a la Iluminación, ya que es la profunda comunicación entre dos o más personas comprometidas en pos del Ideal de Iluminación, o que han tomado refugio.

Que debamos decir cosas significativas y abstenernos de hablar de banalidades no representa sacar el tema del budismo cada vez y en cada ocasión que conversemos, como el personaje de una de las historias de G.K. Chesterton, que, sin hacer caso de lo que la otra persona empezaba a decir, siempre se las ingeniaba para llevar la conversación hacia el tema de la Iglesia católica. Si nos hemos comprometido con el Ideal de Iluminación, el hecho de este compromiso surgirá de manera natural a lo largo de la conversación, y diremos cosas significativas sin mayor dificultad. Sin embargo, sólo sucederá si en todo momento somos conscientes de dicho compromiso, o del propósito de nuestra existencia, y si en todo momento somos conscientes de la dirección que nuestra conversación está tomando, y también de la atmósfera entre los oyentes. Las conversaciones banales tienden a surgir siempre que dos o tres personas se reúnen, y a menos que uno permanezca incansablemente alerta, la plata pura del hablar de cosas significativas pronto se empañará por el aliento de una o más de sus treinta y dos —o treinta y dos mil— formas nocivas.

Decir cosas significativas es como un pilar de plata. De plata, no sólo porque puede empañarse si no es bruñido por medio de la percepción interior, sino porque, al igual que el oro, es maleable, dúctil y capaz de tomar cualquier forma, como el dharma. También, como el oro, es un medio común de intercambio, en este caso del intercambio espiritual y existencial que se instala a lo largo de una genuina comunicación humana.

SÉPTIMO PRECEPTO

*El principio de abstenerse de difamar,
o hablar de manera armoniosa*

El requerimiento del Séptimo Precepto de abstenerse de hablar de forma maliciosa, hace referencia a un aspecto de especial malignidad, y el hablar de manera armoniosa, contrapartida de dicha abstención, se refiere también a una especial forma de armonía. Por supuesto, lo maligno es albergar enemistad, odio o malas intenciones, y las palabras maliciosas, en su sentido más general, son palabras procedentes de, o pronunciadas por, estados de ofuscación mental de este tipo. Sin embargo, en el contexto del Séptimo Precepto el objetivo de la enemistad, el odio o las malas intenciones de las palabras maliciosas, o de la persona que las pronuncia, es el estado de unidad, concordia o amistad existente entre dos o más personas. Así pues, las palabras maliciosas son palabras que acarrean —y tienen toda la intención de hacerlo— desunión, discordia y enemistad. Por esta razón algunas veces se traduce *pisuṇavācā* no como palabras maliciosas, sino como «palabras difamatorias» o «calumniadoras».

La real naturaleza del principio de abstenerse de hablar de forma maliciosa o, por el contrario, de hacerlo de forma armoniosa es evidenciado en las enseñanzas que Buda ofrece a Cunda el platero, mencionadas con anterioridad. Respecto a abandonar el hablar difamatorio, Buda dice de quien cumple este precepto: «Si oye algo en algún lugar no lo proclama en otro sitio provocando una disputa entre ambas partes; lo que ha oído aquí no lo dice en otra parte para provocar una disputa entre ambas partes». Las disputas cuyo resultado es la desunión, a menudo las inicia una tercera persona que deliberadamente crea problemas al contar a dos personas, o dos grupos de personas, lo que se supone que cada uno ha dicho en ausencia del otro. Algunas veces es pura invención, aunque la mayoría de las ocasiones es algo que en realidad se ha dicho, pero que más tarde se ha repetido fuera de contexto o se ha tergiversado. La persona que cumple el Séptimo Precepto se abstiene de actuar de manera tan deshonesta. «De este modo, apacigua las discordias y restablece la armonía.» En otras palabras, cuando ya no está en manos de los enfrentados el llegar a un acuerdo, puede restablecerse la armonía si otras personas no lo empeoran con sus chismorreos. La armonía le llena de alegría, de gozo, siente un auténtico fervor por ella.

Las palabras de Buda en estas líneas son muy enérgicas. Quien cumple el Séptimo Precepto no sólo se abstiene de hablar con malicia: sino que, además, con una actitud positiva se deleita en la armonía y por ello «pronuncia palabras que crean armonía», como cuando alguien dice a otra persona todas las cosas buenas que su amigo ha dicho sobre él, o cómo lo ha defendido de las críticas. Es evidente, pues, que la contrapartida positiva de abstenerse de hablar de forma maliciosa no es hablar de manera armoniosa, sino hacerlo creando armonía, es decir, hablando de forma que la discordia se transforme en armonía y elevar, incluso a un más alto nivel, la armonía ya existente entre la gente. Su aplicación en la comunidad espiritual debe ser evidente.

El Séptimo Precepto es un pilar de ópalo. De ópalo, denominado también ópalo precioso o noble, porque posee todos los colores del arco iris en una sola gema, de igual modo que el principio de abstenerse de hablar de forma maliciosa, o hablar de forma armoniosa —o que cree armonía— reúne a personas de clase diversa en una única sociedad o comunidad.

OCTAVO PRECEPTO

El principio de abstenerse de la codicia, o serenidad

Con el Octavo Precepto pasamos de los preceptos que gobiernan el habla a los que gobiernan la mente. También pasamos de los siete preceptos que forman la ética o *śīla* en su sentido más limitado, a los tres preceptos que, junto con los siete anteriores, forman la ética o *śīla* en su sentido más amplio. Estos tres preceptos que gobiernan la mente no tienen que ver demasiado con el cuerpo ni con la conducta verbal, sino con las actitudes internas que se manifiestan a través de la conducta, y son por ello de gran importancia. Desafortunadamente, habremos de presentar los dos primeros, al menos, con la misma brevedad que los tres últimos preceptos relacionados con el habla. La razón es (en realidad ya la hemos visto al tratar los Diez Preceptos y otras fórmulas éticas) que el Octavo y Noveno Preceptos se refieren a la parte de la conducta mental que comprende el noble grupo de *samādhi* o concentración y meditación, aunque el Décimo Precepto se relacione con el noble grupo de la sabiduría, y en esta ocasión no es posible tratar un tema tan extenso como el de la concentración y la meditación. Habremos de contentarnos con establecer algunas relaciones.

La forma negativa del Octavo Precepto consiste en abstenerse de la codicia, la palabra pali traducida aquí como «codicia» es *abhijjhā*. Podemos llegar a comprender un poco el profundo significado de este término no sólo analizando su sentido, sino examinando otros tres términos importantes que son sus sinónimos más próximos. Aunque parezca extraño a primera vista, la segunda parte de la palabra *abhijjhā* procede de *jhāyati* (en sánscrito, *dhyāyati*), que significa «meditar, contemplar, pensar, reflexionar: buscar, perseguir», de la que la palabra *jhāna* (en sánscrito, *dhyāna*) también se deriva. *Abhi* es un prefijo que significa «mucho, enormemente». Por consiguiente, *abhijjhā* es un estado mental en el que se piensa o reflexiona intensamente sobre algo que nos atrae o que deseamos, es decir, significa un estado mental de codicia. Los tres sinónimos más próximos a *abhijjhā* son *lobha*, *taṇhā* (en sánscrito, *tṛṣṇa*) y *rāga*. Lobha significa avaricia, lujuria, añoranza, deseo, y está relacionada con la palabra latina *libido*, con la palabra alemana *Lieb* (amado) y con la palabra inglesa *love* (amor). *Taṇha* significa «sed», e igual que sed y sequía, proviene de una raíz que significa sequedad, mientras que *rāga* (literalmente color, tono, matiz) significa «excitación, pasión».

De la naturaleza de estos términos se desprende, de modo general, con qué clase de estado mental se relaciona el principio de abstenerse de la codicia. Esencialmente es un estado en el que el yo o el ego se extiende hacia el no-yo o el no-ego con la intención de apropiárselo e incluso incorporarlo a sí mismo, llenando así el enorme pozo de su propia pobreza y vacío interior. Ya que no es realmente posible apropiarse de un objeto externo de este modo, el estado de codicia es, por lo tanto, un estado de perpetua frustración. Por esta razón el término *abhijjhā* se combina a menudo, en las escrituras pali, con el término *domanassa* o «aflicción, desaliento, melancolía, dolor». En otras palabras, en general el principio de abstenerse de la codicia se relaciona con la polarización existencial entre el sujeto que codicia y el objeto codiciado, y la polarización sexual mencionada en relación con el Tercer Precepto es sólo uno de sus ejemplos, quizá el más evidente.

Con respecto a la contrapartida positiva de abstenerse de la codicia no existe un término totalmente satisfactorio. En el contexto de los Diez Preceptos Positivos hablamos de «abandonar la codicia por la generosidad», pero aparte de ser la contrapartida positiva de abstenernos de tomar lo que no nos ha sido dado, el término generosidad no es suficiente. Del mismo modo que la codicia representa el estado mental relacionado con tomar lo que no nos ha sido dado, la contrapartida positiva de abstenerse de la codicia debería representar el estado mental relacionado con la práctica de la generosidad. Naturalmente, dicho estado podría definirse como un estado de despolarización, pero esta expresión es demasiado abstracta y, en cualquier caso, negativa en su forma. También podría definirse como un estado de desapego, pero éste también es negativo en su forma, o como un estado de contento, pero ya se ha utilizado como contrapartida positiva de abstenerse de la conducta sexual incorrecta. Quizá sería preferible afirmar que la contrapartida positiva de abstenerse de la codicia es la serenidad.

La relación entre el Octavo Precepto y la meditación —en realidad, entre los tres preceptos de la mente y la meditación— es de por sí evidente. La meditación es el método subjetivo o directo de elevar el nivel de conciencia, bien distinto del Correcto Sustento, o del Hatha Yoga, o del *kalyāna mitratā*, que son modos objetivos o indirectos de hacerlo. Como la conciencia está formada por diversos estados mentales, el hecho de que la meditación sea el medio directo de elevar el nivel de conciencia, no significa que exista una única forma genérica de meditación que lo realice. La meditación tiene un número específico de formas, cada una de las cuales eleva el nivel general de conciencia al actuar sobre un estado mental de ofuscación en particular. Siendo la codicia un deseo del yo o ego de apropiación del no-yo o del no-ego, el tipo de meditación en cuestión es capaz de erradicar la codicia, y tiene el efecto de examinar esta tendencia y permitir darnos cuenta de su inutilidad.

Existen varias meditaciones de este tipo. Entre ellas la Meditación sobre la muerte, la Meditación sobre las impurezas (o sea, las diez «meditaciones sobre el cadáver») y la Meditación de los seis elementos, prácticas de meditación con las que la mayoría de miembros de la Orden están muy familiarizados. De hecho, en los recientes años se ha convertido en una tradición que los mitras se dediquen intensivamente a la práctica de «la Meditación de los seis elementos» durante las semanas anteriores a la «ordenación» o al acto de Tomar Refugio. De este modo no sólo experimentan la «muerte» que precede al «renacimiento» espiritual como miembros de la Orden, sino que también establecen la base para una práctica rigurosa del principio de abstenerse de la codicia, o serenidad.

El Octavo Precepto es un pilar de esmeralda. De esmeralda, porque el color verde intenso y brillante de ésta es «refrescante» y no «calorífico», y de ahí que represente a la perfección un estado en el cual la fiebre de la codicia se ha calmado. Verde es también el color de la vegetación, cuyo efecto calmante y relajador sobre la mente es de sobra conocido.

NOVENO PRECEPTO

El principio de abstenerse de odiar, o compasión

Como en el caso de ABHIJJHĀ, podremos comprender con
mayor profundidad el término traducido por «odio» si
no nos limitamos a analizar el significado del término,
sino que examinamos, además, otros términos que son
sus sinónimos más próximos. *Vyāpadā* (o *byāpāda*) significa «causar mal, perjudicar; deseo de hacer daño,
malevolencia, animadversión», y está relacionado con
vyādhi, que significa «enfermedad, mal, dolencia, afec-
ción», y también con *vyādha* o cazador. Así pues, es evidente que el sentido general de la palabra es el de de-
sear mal a alguien. Los términos más próximos a *vyāpāda*
en significado son *dosa* (en sánscrito, *dveṣa*), *kodha* (en
sánscrito, *krodha*), y *vera* (en sánscrito, *vaira*). *Dosa* es
«ira, animadversión, maldad, perversidad, corrupción,
malicia, odio», mientras que *kodha* es simplemente ira, y
vera hostilidad.

La auténtica naturaleza de los estados mentales de
ofuscación con la que este Noveno Precepto se relaciona

emerge sólo cuando somos capaces de ver la relación entre «odio» y «codicia». Si la codicia es el estado en el cual el yo o el ego se extiende hacia el no-yo o no-ego con la intención de apropiárselo e incluso incorporarlo a sí mismo, el odio es el estado que surge cuando este movimiento es frenado, entorpecido u obstaculizado, ya sea por el no-yo, el no-ego o por algún otro factor o parte involucrada. Por consiguiente, si la codicia es la formación psicológica primaria, el odio es la secundaria. Es el deseo homicida de causar el mayor daño y perjuicio posible a todo aquello que se interponga entre el sujeto que codicia y el objeto codiciado.

En lo que concierne a la contrapartida positiva del principio de abstenerse de odiar, no es el amor, como habríamos pensado, sino la compasión. El término amor ya se ha utilizado como contrapartida positiva de abstenerse de matar; pero la verdadera razón de que sea la compasión y no el amor la contrapartida positiva de abstenerse de odiar se halla en el Ideal del Bodhisattva. Según el *Upāli-paripr̥cchā* o «Preguntas de (Arhant) Upāli», un sūtra mahāyāna de la categoría del Ratnakūṭa, si un bodhisattva quebranta los preceptos a causa del deseo (= codicia) constituye una ofensa menor, aunque lo haga durante innumerables *kalpas*; pero si los rompe motivado por la ira (= odio), aunque sólo lo haga una vez, es una grave ofensa. La razón de ello es que «un bodhisattva que quebranta preceptos a causa del deseo (todavía) abraza a los seres sensibles, mientras que uno que los quebranta movido por el odio los abandona».[23] Naturalmente, aquí, como en todas partes, el mahāyāna no nos está diciendo que quebrantarlos a causa del deseo no tenga importancia, sino que —en su peculiar estilo hiperbólico— nos dice que para un bodhisattva es de suma importancia no abandonar nunca, bajo ninguna circunstancia, a los seres sensibles, lo que, por supuesto, hace cuando quebranta los preceptos a causa del odio. El «odio» y la «compasión» se excluyen mutuamente. Es, por lo tanto, la compasión y no el amor la contrapartida positiva de abstenerse de odiar.

Las formas de meditación que tienen como efecto controlar el odio que surge cuando la codicia es entorpecida o obstaculizada, son los cuatro Brahmā Vihāras, es decir, la sistemática cultivación (*bhāvanā*) de los estados mentales positivos de amor, compasión, gozo compasivo y ecuanimidad, y también la práctica de «El Gozo en los Méritos» y la *pūjā* de las Siete Etapas. Una vez erradicado el odio, se puede tratar con el estado subyacente de codicia que lo hace posible.

El Noveno precepto es un pilar de rubí. De rubí, porque el rubí típico es de un intenso rojo claro, y éste no sólo es el color del amor y de la compasión, sino también, y más literalmente, el color de la sangre, esa sangre que el bodhisattva está dispuesto a derramar, a lo largo de cientos de vidas, en beneficio de todos los seres vivos.

DÉCIMO PRECEPTO

*El principio de abstenerse de tener ideas
erróneas, o sabiduría*

En relación a la importancia de este tema, la extensión del Décimo Precepto significará que todavía le haremos menos justicia al principio de abstenerse de tener ideas erróneas que a los dos preceptos precedentes. De hecho, sólo nos será posible indicar qué significa tener ideas erróneas y cómo se pueden abandonar, aunque para el propósito de este escrito ello sea suficiente. El término pali generalmente aceptado como el equivalente de «ideas erróneas» es *micchā-diṭṭhi* o *micchā-dasana* (en sánscrito, *mithya-dṛṣṭi, mithyā-darśana*). *Micchā* significa simplemente erróneo o falso, mientras que *diṭṭhi* significa «idea, creencia, dogma, teoría», en este caso teoría falsa, opinión sin fundamento o infundada. Por consiguiente, *micchā-diṭṭhi* o *micchā-dasana* significa, en primer lugar, una idea errónea o falsa en cuanto a una manera errónea o falsa de ver las cosas, y, en segundo lugar, una creencia errónea o falsa que se expresa más o menos sistemáticamente en términos intelectuales como una doctrina.

Lo que convierte a la idea o doctrina en errónea o falsa es el hecho de ser una expresión, por no decir una racionalización, de un estado mental contaminado por la codicia y el odio, y también por la ignorancia (*moha*), contrapartida cognitiva de la codicia. La idea únicamente es *samyak* (en pali, *sammā*), o sea, recta, verdadera o perfecta, cuando es la expresión de un estado mental no contaminado por la codicia, el odio y la ignorancia, es decir, la expresión de una conciencia iluminada que ve las cosas tal como en realidad son, aunque ello no significa que simplemente sea lo opuesto de idea érronea o falsa.

La idea correcta es también una no-idea. Es una no-idea en cuanto que no es sostenida con la misma pertinacia o convicción de que es absolutamente correcta (las ideas falsas generalmente se sostienen con esta pertinacia y convicción, que son, a su vez, estados mentales de ofuscación). Las ideas correctas, en cambio, se sostienen como si fueran provisionales y a modo de tanteo, como un medio para alcanzar la Iluminación y no como un fin en sí mismo. Buda declaró una vez: «El Tathāgata no tiene ideas». Al ver las cosas tal como son, tiene un conocimiento «crítico» de la imposibilidad de dar una expresión plena y final a su visión en términos conceptuales fijos. Por esta razón, a pesar de enseñar el dharma, lo hace «como si se tratara de una balsa», es decir, algo que se abandona una vez alcanzada «la otra orilla».

En las enseñanzas que ofrece a Cunda el platero, Buda enumera unas cuatro o cinco ideas falsas muy simples y básicas. (Sus correspondientes ideas correctas, enunciadas posteriormente en el sutta, forman parte del pasaje ya citado al referirnos a las fuentes canónicas de los Diez Preceptos.) Al hablar sobre las personas que tienen la mente ofuscada, Buda dice:

También tiene ideas erróneas, posee una actitud perversa y piensa: «No existen las ofrendas, los ofrecimientos ni el sacrificio; no existe un fruto que madure con las acciones buenas o malas; este mundo no existe y el del más allá tampoco; no existe una madre ni un padre, ni tampoco seres (de otros mundos) de nacimiento sobrenatural; no existen ermitaños ni brahmanes que han emprendido la senda de la rectitud y que han llegado hasta muy lejos, personas que a través de su propia comprensión han comprendido la realidad de este mundo y la del más allá»; así lo afirma.[24]

Dicho en otras palabras, una persona de esta clase piensa, en realidad, que las acciones no tienen consecuencias, y que, por lo tanto, no hay diferencia entre las acciones lúcidas y las procedentes de la ofuscación; que no existen valores espirituales más elevados ni orden social, distintivo del ser humano, basado en la moral; que en la escala de la existencia no existen seres vivos más elevados que el hombre sexualmente dimorfo, tal como hoy día lo conocemos, ni cosas tales como la vida espiritual, ni la posibilidad de que nadie consiga alcanzar la verdad última de las cosas. Estas ideas falsas son simples y básicas en el sentido de que niegan, de la manera más cruda y rotunda, la posibilidad de que exista la más rudimentaria forma de vida moral y espiritual, y convierten en innecesario el cumplimiento de los Diez Preceptos.

Las hay también de un tipo más sutil y sofisticado, que descartan la posibilidad de formas más avanzadas de vida espiritual y de experiencia, absolutizando más que negando las formas más elementales comprendidas en el *Brahmajāla-sutta*, el primero de los treinta y dos discursos del *Dīgha-Nikāya*. Que el *Brahmajāla-sutta* o «Red Perfecta» sea el primer discurso del *Dīgha-Nikāya* y por lo tanto el que inicia todo el Tripiṭaka, es tan significativo como que el Génesis sea el primer libro de la Biblia. En este sutta Buda enumera y analiza sistemáticamente un total de sesenta y cuatro ideas falsas, algunas de ellas muy sutiles y sofisticadas. Éstas comprenden todas las posibles ideas falsas, y de ahí que sea la «Red Perfecta» en la que son capturados los «ermitaños y brahmanes» (o sea, filósofos y teólogos) que se adhieren a tales ideas. Antes de poder alcanzar la Iluminación se deben abandonar todas las ideas falsas, lo mismo da que sean sutiles y sofisticadas o tan sólo simples y básicas.

Puesto que las ideas falsas son condensaciones y cristalizaciones de estados mentales de ofuscación, el modo más efectivo de abandonarlas es erradicando los estados que las producen. La meditación es el mejor remedio contra ello. Al prevenir y erradicar los estados mentales de ofuscación y crear y desarrollar estados de lucidez, la meditación eleva el nivel de conciencia, o sea, las *dhyānas,* también denominadas «estados más elevados de conciencia», los cuales no son más que un flujo ininterrumpido de estados mentales lúcidos de una pureza e intensidad cada vez mayor.

Como ya hemos visto, la codicia se puede erradicar con la ayuda de la Meditación sobre la muerte, la Meditación sobre las impurezas y la Meditación de los seis elementos, y el odio con la ayuda de los cuatro Brahmā Vihāras, y también mediante la práctica de «El Gozo en los Méritos» y la *pūjā* de las Siete Etapas. Del mismo modo, la ignorancia, en cierta manera la última fuente de la que proceden no sólo las ideas falsas, sino también la codicia y el odio, se puede erradicar con la ayuda de prácticas tales como la respiración consciente, la Meditación sobre los seis elementos y la contemplación de los doce (o veinticuatro) Nidanās, así como mediante una concentrada reflexión sobre fórmulas doctrinales, como las tres características de la existencia condicionada y los cuatro tipos de *śūnyatā* o vacío.

También es posible abandonar las ideas falsas estudiando el dharma de tipo tradicional y conversando con toda sinceridad con aquellos miembros de la comunidad espiritual poseedores de un estado emocional positivo y de una claridad intelectual superior a la nuestra.

Sean cuales fueren los medios empleados, cuanto más abandonemos de manera genuina y radical las ideas falsas, con mayor intensidad brillará lo que según los diferentes términos se denomina visión interior, perfecta visión o sabiduría; y viceversa, a medida que se acreciente su brillo, más ideas falsas abandonaremos. Una vez abandonadas por completo, lo que brilla en todo su esplendor es la plena sabiduría, y esta sabiduría es la contrapartida positiva de abstenerse de tener ideas falsas. Lo que no significa que simplemente se trate de tener ideas correctas y no erróneas. La sabiduría no sostiene ideas, ni siquiera ideas correctas, aunque las utilice para comunicar el dharma.

En el mundo actual la sabiduría es muy valiosa y rara de encontrar, y se podría hablar extensamente sobre el bombardeo de ideas falsas que nos llega de todas partes, en especial como resultado del dominio de los medios de comunicación denominados de masas. Pero ha llegado el momento de descubrir de qué piedra preciosa está hecho el décimo y último pilar. Antes de hacerlo, me gustaría aclarar que si queremos aunque sólo sea empezar a cumplir los Diez Preceptos bajo las presentes y difíciles circunstancias, debemos hacer al menos tres cosas: (a) Debemos ser plenamente conscientes de hasta qué punto nuestro pensamiento, y la expresión que damos a nuestro pensamiento, está influenciado por las ideas falsas que nos han rodeado desde que nacimos. (b) Hemos de darnos cuenta de que las ideas falsas no sólo son el producto de estados mentales de ofuscación, sino que, hasta que no las abandonemos por completo, refuerzan los estados mentales que las producen obstruyendo por partida doble el camino hacia la Iluminación. (c) Debemos tomar la determinación, siempre que se discutan problemas espirituales personales, o temas concernientes a la Orden o al Movimiento como un todo, y sobre todo cuando se hable de dharma, de hacerlo con ideas rectas —a ser posible en términos de sabiduría— y no de acuerdo con cualquier idea falsa que esté de moda en el mundo exterior. Debemos hablar sobre budismo en el lenguaje del budismo. Si después de un cuidadoso estudio llegamos a la conclusión de que el lenguaje de Blake, Heidegger o William Morris coincide hasta cierto punto con el del budismo, entonces será otra cosa, y también tendremos libertad de comunicar el dharma en su lenguaje si nos parece que es lo correcto y apropiado. Pero intentar comunicar el dharma en términos de una idea o lenguaje que explícita o implícitamente niegue la más mínima posibilidad de sabiduría, sólo puede aportar confusión.

El Décimo Precepto es un pilar de zafiro. De zafiro, porque éste es de un profundo e intenso azul, como el color del cielo sin nubes, tan a menudo comparado con la sabiduría, la contrapartida positiva de abstenerse de tener ideas falsas.

Ahora que hemos visto de qué piedra preciosa está formado el último pilar, podemos observar los Diez Preceptos tanto en su colectiva majestuosidad como en su belleza y esplendor individuales. Podemos ver que los Diez

Preceptos son en realidad los Diez Pilares del budismo, y que están constituidos por un pilar de diamante, un pilar de oro, un pilar de cristal, un pilar de perla, un pilar de ámbar, un pilar de plata, un pilar de ópalo, un pilar de esmeralda, un pilar de rubí y un pilar de zafiro. Estos diez pilares son los enormes soportes del majestuoso edificio del dharma, y si algunos de vosotros estáis decepcionados porque algunas de vuestras piedras o metales preciosos favoritos no forman parte de uno de los pilares, dejadme recordaros que aunque no se haya mencionado, los pilares tienen bases y capiteles, arcos y arquivoltas que también están constituidos por sustancias preciosas de diversos tipos.

Al inicio de este escrito no sólo me he referido a los Diez Preceptos como una doble hilera de pilares que sostienen la espaciosa cúpula del edificio del dharma, sino también a la meditación como la propia cúpula y a la sabiduría como el majestuoso chapitel que corona la cúpula, aunque no hayamos visto de qué preciosas sustancias están hechas la cúpula y el chapitel. Sin embargo, por lo que se ha dicho acerca de los tres últimos preceptos, es evidente que la cúpula —una doble cúpula— debe estar hecha de algo semejante a la esmeralda y al rubí, y el chapitel de algo parecido al zafiro.

Tampoco se ha hecho mención de la gente que frecuenta el majestuoso edificio del dharma, deambulando entre los preciosos pilares y contemplando, a través de la bella cúpula, el interior del hermoso chapitel y más allá de éste. Creo del todo innecesario deciros que somos la gente que frecuenta el edificio del dharma, y de hecho estamos de pie en medio de él en este preciso momento, junto a aquellos que han tomado, toman ahora y tomarán en el futuro refugio en el Buda, en el Dharma y en la Sangha. Pero una vez aquí, rodeados de preciosos pilares y coronados por la bella cúpula y el hermoso chapitel, ¿cómo podremos utilizar este majestuoso edificio? Y aquí nuestra metáfora arquitectónica se viene abajo. Se viene abajo porque somos nosotros los pilares, la cúpula y el chapitel, al menos potencialmente. La metáfora arquitectónica ha de ser reemplazada por una metáfora biológica, en realidad, por una botánica.

Los Diez Preceptos no sólo son diez pilares; son también diez pétalos, los diez pétalos de una flor magnífica, en la que la meditación es el estambre y la sabiduría la semilla o fruto. Nosotros somos esta flor, tanto individual como «colectivamente», y crecemos y florecemos no sólo para nuestro propio beneficio, sino para el de todos los seres vivos. En otras palabras, y abandonando las metáforas, cumplimos los Diez Preceptos porque —aparte de Tomar Refugio— no hay nada que pueda tener tanta importancia o que pueda beneficiarnos tanto a nosotros y a los demás. Por esta razón la mejor manera de celebrar el decimosexto aniversario de la Orden Budista Occidental es intentar ver con más claridad cuán profundo es el significado de los Diez Preceptos y cuán lejos llegan sus implicaciones. Cuanto más fielmente los cumplamos, mayor probabilidad habrá de que la Orden Budista Occidental alcance realmente su mayoría de edad «colectiva» como comunidad espiritual, suceda este año o de aquí a cinco.

Tomemos, pues, la resolución de hacer en un futuro todo lo posible por fortalecer y conservar los Diez Pilares del budismo.

NOTAS

1. *Minor Anthologies of the Pali Canon,* Parte II. Traducida por F. L. Woodward (Pali Text Society, Londres, 1948), pág. 130.

2. Véase Sangharakshita, *A Survey of Buddhism* (7.ª ed., Windhorse, Glasgow, 1993), págs. 159-172, 461-484.

3. Maha Sthavira Sangharakshita, «Aspects of Buddhist Morality», *Studia Missionalia* (Roma, 1978), vol. 27, págs. 159-180

4. Al decir «unido» me refiero a la unión espiritual y no al vínculo de la mutua dependencia socioeconómica.

5. *Dialogues of the Buddha*, Parte I. Traducida del pali por T. W. Rhys Davids (Pali Text Society, reimpresión, Londres 1956), pág. 179.

6. *The Collection of the Middle Length Sayings* (*Majjhima-Nikāya*), vol. III. Traducida por I. B. Horner, M. A. (Pali Text Society, Londres, 1959), págs. 97-98.

7. *The Book of the Gradual Sayings* (*Aṅguttara Nikāya*), vol. V. Traducido por F. L. Woodward, M. A. (Pali Text Society, reimpresión, Londres, 1972), págs. 178-180.

8. *The Magavastu*. Volume II. Traducido del sánscrito budista por J. J. Jones, M. A. (Pali Text Society, Londres, 1952), pág. 91 y sigs.

9. *The Perfection of Wisdom in Eight Thousand Lines and Its Verse Summary.* Traducido por Edward Conze (Bolinas, 1973), págs. 200-201.

10. *The Teaching of Vimalakīrti (Vimalakīrtinirdeśa).* Traducida del francés por Etienne Lamotte (Pali Text Society, Londres, 1976), pág. 20. (Trad. cast.: *La enseñanza de Vimalakīrti*, Miraguano Ediciones, Madrid, 1989.)

11. *Ibíd.*, pág. 40.

12. *Ibíd.*, pág. 214.

13. *The Sutra of Golden Light*, es una traducción del *Suvarnabhāsottamasūtra* de R. E. Emmerick (Pali Text Society, Londres, 1970), pág. 12.

14. Aquí «*prāti*» de *prātimokṣa* parece haber sido asimilado en pratyeka (= *prati* + *eka*) que significa «para una persona», individual, personal, como en Pratyeka Buda.

15. *The Book of the Gradual Sayings (Aṅguttara-Nikāya)*, vol. V. Traducido por F. L. Woodward, M. A. (Pali Text Society, reimpresión, Londres, 1972), pág. 186.

16. *The Collection of the Middle Length Sayings (Majjhima-Nikāya)*, vol. III. Traducido por I. B. Horner, M. A. (Pali Text Society, Londres, 1959), pág. 104.

17. *Dhammapada*, v. 129-130 (traducido por el autor). (Trad. cast.: *Dhamapada: la enseñanza de Buda*, Edaf, Madrid, 1994.)

18. *The Path of Light.* Traducido del *Bodhicharyāvatāra de Sānti-Deva: A Manual of Māhayāna Buddhism*, L. K. Barnett (reimpresión, Londres, 1959), págs. 79-80.

19. *Dhammapada*, v. 133.

20. *Analects*, Libro XIII, Capítulo III. *The Analects of The Conversations of Confucius with his Disciples and Certain Others*, traducido al inglés por William Edward Soothill (reimpre-

sión, OUP, 1941), pág. 129. Confucio: *The Analects (Lun-yü).* Traducido con una introducción por D. C. Lau (Penguin, reimpresión, Harmondsworth, 1982), pág. 118.

21. Cita de *Thus Spoke Zarathustra.* Traducido con una introducción por R. J. Hollingdale (Penguin, reimpresión, Harmondsworth, 1969), pág. 31.

22. *Dhammapada*, v. 176.

23. *A Treasury of Mahāyāna Sūtras. Selections from the Mahāratna kūṭa Sūtra.* Traducido por la Buddhist Association of the United States, Garma C. C. Chang, general editor (Pennsylvania y Londres, 1983), pág. 270.

24. *The Book of the Gradual Sayings* (*Aṅguttara-Nikāya*), vol. V, Pali Text Society, pág. 178.

SOBRE EL AUTOR

Sangharakshita nació como Dennis Lingwood en el sur de Londres, en 1925. En gran parte autodidacta, se interesó vivamente por las culturas y filosofías orientales desde edad temprana, y a los dieciséis años se dio cuenta de que era budista.

Durante la Segunda Guerra Mundial fue reclutado para ir a la India, donde permaneció para convertirse en el monje budista Sangharakshita, que significa «protector de la comunidad espiritual». Tras estudiar durante varios años con los principales maestros de las tradiciones budistas más importantes, se dedicó extensamente a enseñar y escribir. Protagonizó también un papel fundamental en el renacimiento del budismo en la India, en particular a través de su labor entre los ex intocables.

Después de vivir veinte años en la India, regresó a Inglaterra para fundar Los Amigos de la Orden Budista Occidental, AOBO, en 1967, y la Orden Budista Occidental (llamada Trailokya Bauddha Mahasangha en la India) en 1968. Nexo entre Oriente y Occidente, entre el mundo tradicional y el moderno, entre los principios y las prácticas, la profunda experiencia y claridad mental de Sangharakshita han sido apreciadas mundialmente. En especial siempre ha enfatizado el significado decisivo del compromiso en la vida espiritual, el primordial valor del amigo espiritual y de la comunidad, el vínculo entre religión y arte, y la necesidad de una «nueva sociedad» que preste apoyo a las aspiraciones e ideales espirituales.

El AOBO es en la actualidad un movimiento budista internacional con centros en dieciséis países repartidos por todo el mundo. En los últimos años Sangharakshita ha confiado en manos de sus discípulos más antiguos de la Orden la mayor parte de sus responsabilidades. Actualmente, desde su sede de Londres, se dedica al contacto personal con la gente y a sus escritos.

ÍNDICE DE MATERIAS

Índice de materias